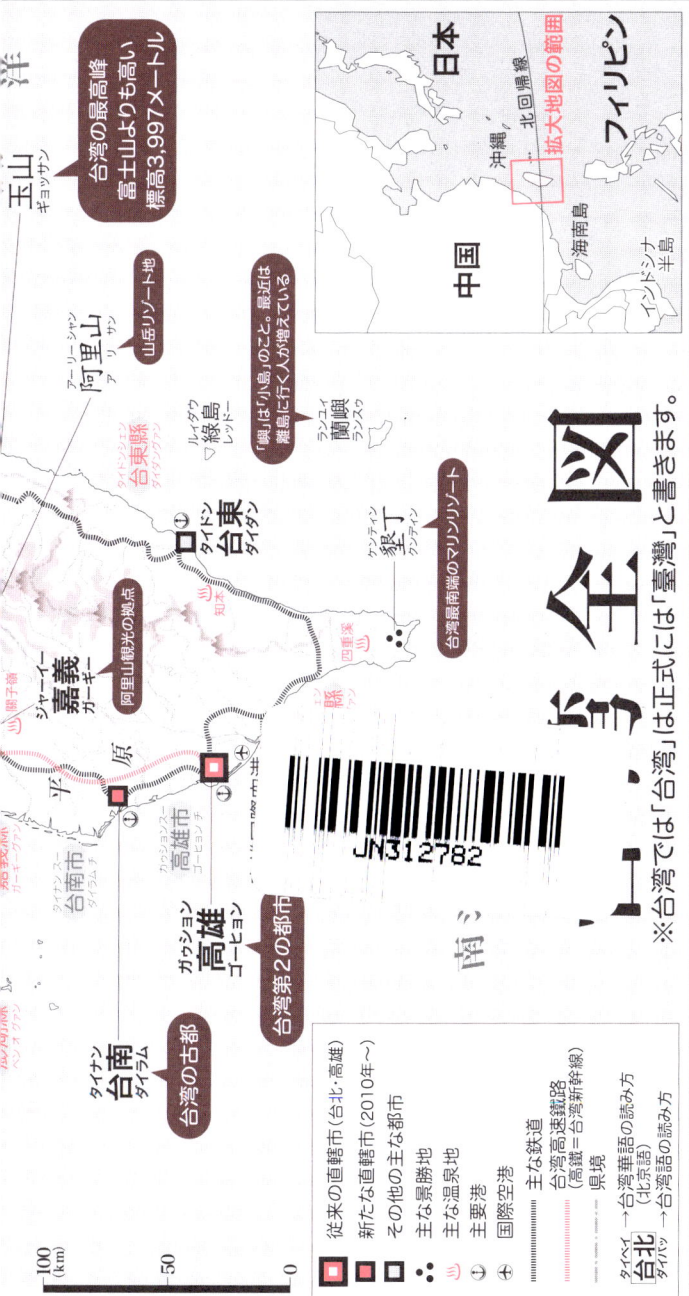

まずはここから!
やさしい台湾語 カタコト会話帳

趙 怡華 著
ザウ・イーファ

陳 豐惠 監修
ダン・ホンフィ

楽しくて、手っとり早く学べる台湾語ポケットブック

ジャッ バー ブェ
食飽未？
ご飯食べましたか？

「美しい島」の「美しいことば」の世界へ
～著者まえがき

　本書を手に取っていただいて多謝(ドゥシャ)です。旅先で、たとえひとことでも現地の人と現地のことばで話ができたら、旅は何十倍にも楽しくなります。

　台湾では、公用語としての「台湾華語(タイワンファユイ)」と、日常生活で使う「台湾語」がともに通じます。台湾語は「台語(ダイギー)」といって、台湾の南に行けば行くほど耳にする機会が増える、台湾の昔ながらのことばです。「台湾華語」というのは、中国大陸でいう「北京語」(北京話(ベイジンファ))のことです。両者は完全にはイコールではありませんが、台湾華語を操る台湾人と北京語の中国人が会話をしても、まったく問題なく通じます。

　両者の違いとしては、大きなところでは、文字(漢字)があげられます。台湾語では画数の多い「繁体字(はんたいじ)」を、北京語では簡略化された「簡体字(かんたいじ)」を使います。たとえば「飛行機」は、簡体字では「飞机」、繁体字では「飛機」と書きます。

　それから発音。北京語では、いわゆる「巻き舌音」がありますが、台湾華語にはありません。日本の方が「私は日本人です」と北京語でいうときの「我是日本人(ウォ シー リーベンレン)」。この下線部のところが巻き舌音で、これが日本の方にはなかなか難しい。でも、台湾でなら大丈夫。じつは台湾人も巻き舌が苦手な人が多いくらいなので、「ウォ ス ズーベンレン」と、カタカナどおり言えば、たいていは通じます。

　本書では、台湾華語(北京語)を左ページに、前述の台湾語を右ページに対照させる形で掲載しました。どちらも通じますが、台湾語のほうが、使ったときに現地で喜ばれるでしょう。

　近年、台湾では「台湾アイデンティティ」というべきものが高揚し、2000年からは母語教育に台湾語や客家語、原住民語が取り入れられています。こうした背景もあり、台湾らしいことばが見直されているのです。

▼台湾はチョウの種類が豊富なことでも有名

　台湾で使われる「台湾華語」と「台湾語」。両者の最大の違いは、各音節に高低のイントネーションをつけて発声する「声調」です。4つの声調しかない台湾華語に対し、台湾語の声調は8つ。本書の後ろ見返し部分に8声調の一覧を掲載しましたが、これも恐るることなかれ。本書ではそれぞれのフレーズにカタカナ読みとともに「高低イントネーション」を表示しています。それをもとに発音してみてください。

　声調以外にも、台湾語には語尾が子音で終わる「入声」と呼ばれる音があったり、「濁音」や鼻にかかったような「鼻音」が多かったり、独特の特徴があります。これらの特徴が他国の方をして「台湾語はセクシーな言語だ」と言わしめるゆえんです。きっとあなたも、その響きを生で聞いたら、そう思うはず。

　また台湾語は、日本語の影響を強く受けているので、台湾語に日本語の名残りが多いことも特徴です。「おでん」は「黒輪」、「テンプラ（さつま揚げ）」は「甜不辣」といいますし、やっぱり食べ物ですが、台湾北部の淡水という港町にはそのまま「阿給」という名の揚げ物料理もあります。発音も北京語に比べて日本語に近く、「世界」は「セーガイ」（sè-kài）、「了解」は「リャウガイ」（liáu-kái）など、あげたらキリがありません。逆に台湾語が日本語化したものもあります。「ビーフン」（米粉 bí-hún）などがまさにそうです。

　「イラ・フォルモサ」（美しい島）と呼ばれる台湾には、ホスピタリティが旺盛で人なつこい人たちが住んでいます。本書を通じて、そんな愛すべき人たちのことばにふれていただけたら、台湾人の著者として、なににもまさる喜びです。

日本朋友，一起來愛上台灣吧！！
（日本人の友よ、台湾に恋をしましょう）

趙　怡華（Yihua Chao）
y2327886@hotmail.com

もくじ

- 著者まえがき ……………………………… 002
- まずは、基本的なあいさつから ……………… 006
- お天気であいさつ …………………………… 008
- 初対面のあいさつ …………………………… 010
- 初対面のときの会話 ………………………… 012
- 名刺交換しながら …………………………… 014
- お世話になる人、なった人に ………………… 016
- 再会したときのあいさつ ……………………… 018
- 自分の近況を伝えるひとこと ………………… 020
- 別れのあいさつ ……………………………… 022
- 「ありがとう」と「どういたしまして」 ……… 024
- 「ごめんなさい」と「どういたしまして」 …… 026
- ちょっと話しかけるときの「すみません」 …… 028
- 相手に呼びかけるときの言い方 ……………… 030
- 「ある」と「ない」 …………………………… 032
- 相手のことばが聞きとれないとき …………… 034
- 「わかる」「わからない」 ……………………… 036
- 「はい」「いいえ」は、はっきりと …………… 038
- ダメなものはダメ【断るひとこと】 …………… 040
- 「賛成!」「オッケー!」【承諾するひとこと】 … 042
- ホテルで …………………………………… 044
- ショッピング ……………………………… 050
- ファストフードのお店で …………………… 060
- レストランで ……………………………… 064
- お酒の席で ………………………………… 072
- タバコを吸う人のための台湾語 …………… 074
- タクシー …………………………………… 076

列車に乗る	082
バスにも乗ってみよう	090
占いストリートに出かけよう	092
マッサージ	094
記念撮影です	096
食事にさそう	098
ちょっとナンパな台湾語	100
カラオケに行く	102
趣味や好物をたずねる	104
贈り物をわたすときのひとこと	106
嬉しい気持ちのリアクションフレーズ	108
楽しい気持ちのリアクションフレーズ	110
イケてるときのリアクションフレーズ	112
驚いたときのリアクションフレーズ	114
ちょっときわどいリアクションフレーズ	116
ちょっと不機嫌？ぶっきらぼうリアクションフレーズ	118
相手にいろいろアピールしよう	120
相手をほめる台湾語	126
デートの別れ際に	132
大事な人との別れ際に	134
電話にチャレンジ	138
メール＆ネットの台湾語	144
困ったときのつぶやきフレーズ	148
緊急事態	150
数字の言い方	156
時間の言い方	158
よく使う疑問詞など	159

まずは、基本的なあいさつから

相手が単数の場合

こんにちは

台湾華語
（北京語）

nǐ hǎo
ニー ハウ
你好

相手が複数の場合

みなさん、こんにちは

dà jiā hǎo
ダー ジャ ハウ
大家好

これ、さりげなく使えたら台湾通への第一歩!?

ご飯食べましたか？

chī bǎo le ma
ツー バウ ラ マ
吃飽了嗎？

台湾語

> 高低イントネーションは
> すべて変調後のもの
> (そのまま読めば OK)

Lí hó

リ ホー

你好

これを二回繰り返して使うと
より親しみが感じられます。

Tak̍-ke hó

ダッ ゲ ホー

逐家好

大勢の前であいさつするときの決まり文句。

Chiah̍-pá--bōe

ジャッ バー ブェ

食飽未？

食べたか食べてないかが問題ではなく、
親しみを込めたあいさつなのです。
南に行けば行くほど耳にすることが多いようです。
「ジャッ バー ベ̇」ともいいます。

お天気であいさつ

夏場の開口一番

暑いですね

台湾華語
(北京語)

hǎo rè o
ハウ ラー オ
好熱哦

冬場の開口一番

寒いですね

hǎo lěng o
ハウ レン オ
好冷哦

寒がりな人がよく使うフレーズ

寒波がやってきた

hán liú lái le
ハン リョ ライ ラ
寒流來了

台湾語

Ū-kàu joa̍h--ê

ウ　ガウルァッ　エ
有夠熱的

台湾語では「j」の発音がラ行になる場合があります

「有夠」（ū-kàu）は台湾語独特な表現で、台湾華語の「非常」（fēi cháng / とても）という意味。

Ū-kàu kôaⁿ--ê

ウ　ガウグァン　エ
有夠寒的

「有夠」を台湾華語の「yǒu gòu（ヨゴウ）」で発音することもあります。

Hân-liû lâi--a

ハン　リュ　ライ　ア
寒流來啊

台湾は「熱帯」のイメージが強いですが、暖房設備がないため、バスの車内やホテルでは冬でも冷たい空気で「換気」している場合が多いのです。

初対面のあいさつ

会いたかった人と会ったときは…
お会いできて、嬉しいです

台湾華語（北京語）
hěn gāo xìng rèn shì nǐ
ヘン ガウ シン レン ス ニ
很高興認識你

「～先生」は「～さん」です
あなたが林先生ですか？

nǐ jiù shì Lín xiān shēng ma
ニ ジョ ス リン シェン セン マ
你就是林先生嗎？

人を紹介されたときに使う決まり文句
お名前はかねがね
（伺っております）

jiǔ yǎng　jiǔ yǎng
ジョ ヤン　ジョ ヤン
久仰、久仰

台湾語

> 「kap」は
> 「〜と」という
> 意味です

Chin hoaⁿ-hí kap lí sėk-sāi

ジン ファン ヒ ガッ リ シッ サイ

真歡喜kap你熟悉

初対面の最初に使っても
お別れの際に「再見」（さよなら）の前に使っても
よいフレーズ。覚えておくと便利です。

Lí chiū-sī Lîm--sian-siⁿ sī--bô

リ ジュ シ リム センシン　シ ボ

你就是林先生，是無？

「林」さんを「陳」さんや「張」さんに換えて
使ってみてください。親しみをもたれやすいフレーズです。
ちなみに、台湾は「陳」さんと「林」さんが二大姓です。

Chìn-chêng chiū bat thiaⁿ kòe lí ê tōa-miâ

ジン ジン ジュ バッティアングェ リ　エ ドァ ミャ

晉前就曾聽過你的大名

「大名」(ドァミャ)(台) は「お名前」。相手に敬意を表して、
ビジネスの場面で使われることが多い表現。
友達同士なら「名字」(míng zi 華 / 名前) でOKです。

(台＝台湾語)
(華＝台湾華語)

初対面のときの会話

あなたは日本人ですか？と聞かれたら

私は日本人です

台湾華語
（北京語）

wǒ shì Rì běn rén
ウォ スー ズー ベン レン
我是日本人

これからお世話になる人に

どうぞ宜しくお願いします

qǐng duō duō zhǐ jiào
チン ドォ ドォ ズ ジャウ
請多多指教

あらかじめ言っておこう

中国語がよくわかりません

wǒ bú tài dǒng Zhōng wén
ウォ ブ タイ ドン ゾン ウン
我不太懂中文

> 台湾では「文」をウェンでなくウンと発音します

台湾語

Góa sī Jit-pún-lâng

グァ　シ　ジッ　ブン　ラン

我是日本人

日本人の方なら必ず口にするフレーズ。台湾人は
巻き舌音をしないので、日本人にとっては大陸よりも
こちらのほうが発音しやすいそうです。「你是日本人嗎?」
(あなたは日本人ですか?) と聞かれたらこう答えましょう。

Chhiáⁿ to-to chí-kàu

チァン　ド　ド　ジ　ガウ

請多多指教

男性の場合、両手で相手と握手しながら言うのがふつう。
女性は軽く会釈しながら言います。

Góa bô siáⁿ bat Tiong-bûn

グァ　ボ　シャンバッディオンブン

我無啥識中文

台湾で使われている繁体字は日本の旧字に
共通するものが多いので、言葉がわからなくても
筆談で意外と通じることが多かったりして。

名刺交換しながら

まずは自己紹介の代わりに名刺を

これは私の名刺です

台湾華語（北京語）

zhè shì wǒ de míng piàn
ゼー ス ウォ ダ ミン ピェン
這是我的名片

名刺をいただきたいときに

お名刺はお持ちですか？

（台湾では「問」をウェンでなくウンと発音します）

qǐng wèn nǐ yǒu míng piàn ma
チン ウン ニ ヨ ミン ピェン マ
請問你有名片嗎？

丁寧に相手の名前をたずねるとき

お名前は何とおっしゃいますか？

nín guì xìng
ニン グェ シン
您貴姓？

台湾語

Che sī góa ê ~

ゼー シ グァ エ メ シ
這是我的名刺

「名刺」は、「メ・イ・シ」とそのまま日本語で言っても
台湾では通じるのですが、短く「メ・シ」と言う
ほうが伝わる確率が高くなるでしょう。

Chhiá^n-mn̄g lí kám ū ~

チャンモン リ ガム ウ メ シ
請問你敢有名刺？

台湾ではビジネスでなくても
初対面同士が名刺を交換します。

Chhiá^n-mn̄g lí kùi-sè^n

チャンモン リ グイ セン
請問您貴姓？

友達レベルなら「你叫什麼名字」
ニジャウシェン ミ ミン ズ
(nǐ jiào shén me míng zi 華) を使えばOK。

お世話になる人、なった人に

「あなた(你)を煩わせる」だから、つまり…

お手数をおかけします

台湾華語（北京語）

má fán nǐ le
マ ファン ニ ラ

麻煩你了

台湾は親切な人が多いので、使う機会が多いかも

お世話になりました

xiè xie nǐ de zhào gù
シェ シェ ニ ダ ザウ グ

謝謝你的照顧

とくにお世話になった人に

あなたのことを忘れません

wǒ bú huì wàng jì nǐ de
ウォ ブ フェ ワン ジ ニ ダ

我不會忘記你的

台湾語

Lô-hoân--lí-a

ロ ファン リ ア
勞煩你啊

左の例文も、上の例文も、
「お手数をおかけします」としても、
過去形の「お手数をおかけしました」としても使えます。

Kám-siā lí ê chiàu-kờ

ガム シャ リ エ ジャウゴー
感謝你的照顧

「照顧」（台 ジャウゴー　華 ザウグ）は「面倒を見る」。
このフレーズは直訳すると、
「面倒を見てくれてありがとう」という意味。

Góa bē kā lí pàng bē ki--tit

グァ ベー ガ リ バン ベー ギ ディッ
我未kā你放未記得

「kā」は台湾華語（北京語）でいうと、
介詞（英語の前置詞みたいなもの）の「把」(bǎ)です。
直訳すると「あなたを記憶しないままではいられません」。

再会したときのあいさつ

久しぶりに会ったときに使う決まり文句

お久しぶりです

台湾華語
（北京語）

hǎo jiǔ bú jiàn
ハウ ジョ ブ ジェン
好久不見

これも決まり文句

お元気ですか？

zuì jìn hǎo ma
ズェ ジン ハウ マ
最近好嗎？

相手の近況を気づかって

最近は何をやって忙しいの？

zuì jìn zài máng shén me
ズェ ジン ザイ マン セン モ
最近在忙什麼？

台湾語

Chiok kú bô kì^n-bīn--a

ジョッ グ ボ ギン ビン ア
足久無見面啊

台湾語の「足(ジョッ)」は台湾華語の「很(ヘン)」(hěn)。
「とても」という意味。

Chòe-kīn hó--bô

ズェ ギン ホー ボ
最近好無？

「好久不見」とセットでよく使う。
日本語は「最近」を入れないですが、
台湾では「最近」を入れて使うのが一般的です。

Chòe-kīn teh bô-êng siá^n-mih

ズェ ギン ディッ ボ イン シャンミーッ
最近teh無閒啥物？

「teh(ディッ)」は動詞などの前に置いて、
その動作や状態が続いていることを示します。
「閒(イン)」(êng) は「閑」とも書き、「ひま」。「無(ボ)」(bô) は「ない」。
「無閒(ボイン)」で「ひまがない」、つまり「忙しい」。

▶ 自分の近況を伝えるひとこと

元気？と聞かれたら

私は元気です

台湾華語
（北京語）

wǒ hěn hǎo
ウォ ヘン ハウ
我很好

同じことを相手に聞くときのフレーズ

あなたは？

nǐ ne
ニ ナ
你呢？

本当に忙しい感じが字にあらわれているね

もう忙しくて！

máng sǐ le
マン ス ラ
忙死了

台湾語

Góa chin hó

グァ ジン ホー

我真好

「とても」という意味の台湾華語の「很」は、台湾語では「真」(chin)、「足」(chiok)、「誠」(chiaⁿ) に言いかえることができます。

Lí--leh

リー レッ

你咧？

相手の意見などを聞き返すときなどによく使います。

Oa̍h-beh bô-êng--sí

ウァッ ベ ボ イン シ

活欲無閒死！

台湾語の「活欲」は台湾華語でいうと、「快要」(kuài yào)。「〜しそうだ」という意味。

別れのあいさつ

また会う日まで

さよなら

台湾華語
（北京語）

zài jiàn
ザイ ジェン
再見

「再見」「再會」の言いかえ表現

またそのうち会いましょう

gǎi tiān jiàn
ガイ ティエン ジェン
改天見

手を振りながら言ってみよう

バイバイ

bāi bai
バイ バイ
拜拜

台湾語

Chài-hōe

ザイ フェ

再會

「再會」は「再次相會」の略で、
「再見」は「再次相見」の略。
いずれも「また会おう」という意味です。

Lēng kang chiah koh kiⁿ-bīn

リン ガン ジャッ ゴッ ギン ビン

另工才擱見面

「另工」は「近いうちに」（=改天）、
「才擱」は「また」（=再）、
「見面」は「会う」。

Bái-bāi

バイ　バイ

Bái-bāi

日本語の「じゃね」くらいの感覚。

「ありがとう」と「どういたしまして」

まずは「ありがとう」の基本形から

ありがとう

台湾華語
（北京語）

xiè xie
シェ シェ
謝謝

「ありがとう」の地元密着バージョン

おおきに

xiè la
シェ ラ
謝啦

「どういたしまして」もいろいろ言い方がある

どういたしまして

bú kè qi
ブ カー チ
不客氣

台湾語

Kám-siā

ガム シャ
感謝

「ありがとう」を表す言葉は台湾語にたくさんあります。
「感謝(ガムシャ)」のほかに「多謝(ドシャ)」や、台湾語なまりで
「謝謝」(発音は「セーセー」)もよく使われます。

Lo̍-la̍t

ロ ラッ
努力

「努力」は純台湾語表現。
「魯力」というふうに表記することもあります。
同じ「ありがとう」でも北部では「多謝(ドシャ)」、
南部に行くほど「努力(ロラッ)」を耳にすることも多くなるはず。

Bián sè-jī

ベン セー ギー
免細膩

> 台湾語では「j」の発音がガ行になる場合があります

「どういたしまして」として「免客氣(ベンケーキ)」も使います。
「免細膩」は純台湾語表現であるのに対し、
「免客氣」は台湾華語の影響を受けてできた表現。

「ごめんなさい」と「どういたしまして」

いろんな場面で使われます

ごめんなさい

台湾華語
(北京語)

dui bù qǐ

ドェ ブ チ

對不起

これも台湾でよく使われるフレーズです

悪いね

bù hǎo yì si

ブ ハウ イー スー

不好意思

「どういたしまして」を簡略化した言い方

いいえ

bú huì

ブ フェ

不會

台湾語

Sit-lé--lah

シッ レー ラッ

失禮啦

「失禮啦(シッレーラッ)」は日本語の「失礼します」の語感に近い。

Pháiⁿ-sè--lah

パインセー ラッ

歹勢啦

「不好意思(ブハウイースー)」も「歹勢啦(パインセーラッ)」も、日本語の「ごめんね」、「悪いね」という感じ。「歹勢啦」は台湾でお馴染みのフレーズで、よく耳にします。

Bē

ベー

未

「不會(ブフェ)」は「できない」という意味もありますが、ここでは「どういたしまして」の「不客氣(ブカーチ)」(bú kè qì)を簡略した「いいえ」のこと。

ちょっと話しかけるときの「すみません」

道をたずねるときなど相手に切り出すひとこと
すみません
（ちょっとおたずねします）

台湾華語（北京語）

qǐng wèn
チン ウン
請問

すみません、通ります
すみません

jiè guò
ジェ グォ
借過

「一下」は「ちょっと」という意味
ちょっとお邪魔します

dǎ rǎo yí xià
ダ ラウ イー シャー
打擾一下

台湾語

Chioh-mńg--chi̍t-ē

ジョ モン ジッ レ

借問一下

台湾華語だと「請問(チンウン)」のあとの「一下(イーシャー)」は省略可ですが、台湾語の「一下」は省略しないのがふつう。

Chioh-kòe--chi̍t-ē

ジョ グェ ジッ レ

借過一下

直訳すると「ごめんなさい、通ります」という意味。

Kiáu-jiáu--chi̍t-ē

ギャウジャウ ジッ レ

攪擾一下

台北の街を歩いていると、よく「打擾一下(ダーラウイージャー)」と言って近寄ってくる人がいます。キャッチセールスではないが、アンケートを取るための勧誘が多いので、上手にあしらいましょう。

相手に呼びかけるときの言い方

相手が男性の場合

ちょっと！

台湾華語（北京語）

xiān shēng
シェン セン
先生！

相手が女性の場合

ちょっと、おねえさん！

xiǎo jiě
シャウ ジェ
小姐！

年配の方に対する呼称

おじさん！／おばさん！

běi běi　　　　　ā yí
ベイ ベイ　　　　アー イ
伯伯！／阿姨！

「阿姨」は若い女性から年配の女性まで幅広い年代に使えます

> 台湾語

Sian-siⁿ

セン シン
先生！

知らない人に呼びかける場合は、
相手の年齢、性別を見て使い分けをします。
相手の名字がわかる場合は、「名字＋先生」や
「名字＋小姐」（下欄参照）で呼びます。

Sió-chiá

ショ ジャ
小姐！

若い男女には「先生」「小姐」を使う。
下の「阿桑（ア サン）」は男女両方に使える呼び方で、
大体見た目で60代以上の方に使います。

A-sáng

ア サン
阿桑！

おじさんにもおばさんにも使える台湾語独特な表現。
日本語の「〜さん」から来たもの。ちなみに
日本語の「〜さん」の漢字表現は台湾では「桑」。
有名な台湾映画「父さん」の繁体字表記は「多桑」です。

「ある」と「ない」

これは覚えておかないと

ありますか？

台湾華語
（北京語）

yǒu ma
ヨ　マ
有嗎？

上の問いの答えです

あります / ないです

yǒu　　　méi yǒu
ヨ　　　メイ ヨ
有 / 沒有

「なぜないの？」と聞いてみる

どうして？

wèi shén me
ウェイ センモ
為什麼？

台湾語

Ū--bô

ウ ボ

有無？

「○○ありますか？」という表現には
台湾華語では「有沒有○○？」（yǒu méi yǒu）と
「有○○嗎？」という二通りの聞き方があります。

Ū　　　　Bô

ウ　　　　ボ

有／無

ないことを強調したい場合、「ボ〜」と語尾を伸ばします。

Sī án-chóaⁿ

シ　アンズァン

是按怎？

「為什麼？」も「是按怎？」も
「なぜ」、「どうして」という意味です。

相手のことばが聞きとれないとき

ちんぷんかんぷんで
相手のことばが聞きとれないとき
（聞いて）わからない

台湾華語
（北京語）

wǒ tīng bù dǒng
ウォ ティン ブ ドン
我聽不懂

雑音などでよく聞こえないときは
聞こえない

wǒ tīng bù qīng chǔ
ウォ ティン ブ チン ツゥ
我聽不清楚

「慢」で「ゆっくり」という意味です
もう少しゆっくり
しゃべってください

shuō màn yì diǎn
スォ マン イー ディェン
說慢一點

台湾語

Góa thiaⁿ bô

グァ ティアン ボ
我聽無

ぱ〜っと何か言われて聞きとれない場合の決まり文句。
手を振りながら言うともっといい。

Góa thiaⁿ bô chheng-chhó

グァ ティアン ボ　チェン ツォ
我聽無清楚

携帯電話など電波状態が悪くて
よく聞こえない場合の決まり文句。

Kóng khah bān--leh

ゴン　カッ　バン　レ
講較慢咧

「慢」の
反対は「緊」
(81ページ参照)

台湾華語の「一點(イーティェン)」は「少し」という意味。
台湾語の「較(カッ)」は「より〜」。
「較慢」で「よりゆっくり」という意味。

「わかる」「わからない」

「知道嗎？」(知ってる？)と聞かれて

知ってる

台湾華語
(北京語)

zhī dào
ズー ダウ
知道

慣れないうちはこれをよく使うことになります

知らない（わからない）

bù zhī dào
ズ ズー ダウ
不知道

わかったときは嬉しい

わかった

zhī dào le
ズー ダウ ラ
知道了

台湾語

Chai

ザイ

知

少々声調があやふやでも、
首を縦に振りながら、うなずく感じで言うと、
通じる確率が高くなるはず。

M̄-chai

ム ザイ

嗯知

西洋風にオーバーリアクションで
頭を振りながら肩をすくめ、両手の掌を上に広げながら
「嗯知（ムザイ）」と言えば、より伝わるでしょう。

---

chai--a

ザイ ア

知啊

当て字で「知影」（ザイ アン）というのもよく耳にします。
語尾に鼻音が少しかかると、より台湾語らしくなります。

「はい」「いいえ」は、はっきりと

「是不是〜?」(〜ですか?) と聞かれたら

はい / いいえ

台湾華語
(北京語)

shì　　　bú shì
ス　　　ブ　ス
是 / 不是

「對不對〜?」(あっているか?) と聞かれたら

そうです / 違います

duì　　　bú duì
ドェ　　ブ　ドェ
對 / 不對

「好不好?」(いいか?) と聞かれたら

いいよ / よくない

hǎo a　　bù hǎo
ハウ ア　　ズ ハウ
好啊 / 不好

台湾語

Sī　　M̄-sī
シ　　ム シ
是 / 呣是

否定の意の「呣」はローマ字で「m̄」と書くこともあります。「呣」以外の当て字として「毋」「唔」を使うこともあります。

Tiỏh　　M̄-tiỏh
ディオツ　ム ディオツ
對 / 呣對

「對」は日本の漢字表記では「対」です。

Hó　　M̄-hó
ホー　　ム ホー
好 / 呣好

「好」の否定形は、台湾華語の場合は否定詞の「不」をつけて「不好(ブハウ)」になり、台湾語の場合は「呣」をつけて「呣好(ムホー)」になります。

ダメなものはダメ【断るひとこと】

押し売りされそうになったら

いらない

台湾華語
（北京語）

bú yào
ブ ヤウ
不要

**「行」も「使」も
「行く」「使う」ではないので注意**

だめ

bù xíng
ブ シン
不行

上とニュアンスはほとんど一緒

だめ

bù kě yǐ
ブ カ イ
不可以

台湾語

Bô-ài

ボ アイ
無愛

夜市などで物売りから迫られたときなどに使います。
手を振りながら「いらない」という強い意志を
見せれば、向こうもあきらめるでしょう。

Bē-sái

ベー サイ
未使

禁止命令語の代表。
「會使」(エ サイ)（〜してもいい）の反対語。

Bē-ēng--tit

ベー イン ディッ
未用得

上の「未用得」(ベー インディッ)は「しちゃダメ」というニュアンス。
同じようなニュアンスの台湾語に
「未當」(ベー タン)（Bē-tàng）というのもあります。

「賛成!」「オッケー!」【承諾するひとこと】

「好」は「いい」という意味

いいよ

台湾華語（北京語）

hǎo a
ハウ ア
好啊

OKでも通じるけど

OKだよ

kě yǐ a
カ イ ア
可以啊

「問題なし」だから

大丈夫

méi wèn tí
メイ ウン ティー
沒問題

台湾語

Hó--a

ホー ア

好啊

「好」だけよりも
語尾に「啊」をつけることによって
語感がもっとなめらかになります。

Ē-ēng--tit-a

エ インディッ ア

會用得啊

「會用得」は直訳すると
「使える」=「使ってもいい」=「大丈夫」。

Bô-būn-tê

ボ ブン デ

無問題

台湾華語も台湾語も、直訳すれば「問題ない」。
日本でもお馴染みの
「モウマンタイ」は広東語の読み方。

ホテルで①

事前に予約をしてある場合

予約してあります

台湾華語（北京語）

wǒ yǒu yù yuē
ウォ ヨ ユィ ユェ

我有預約

「3泊」は「3つの晩」になるよ

3泊で予約してあります

wǒ dìng sān ge wǎn shàng
ウォ ディン サン ガ ワン サン

我訂三個晚上

あらかじめ聞いておこう

チェックアウトは何時ですか？

~ shì jǐ diǎn
チェッ アウ ス ジ ディェン

Check out 是幾點？

台湾語

Góa ū ū-iok

グァ ウ ウ ヨッ
我有預約

ホテルだけじゃなくて、レストランでも使えます。
よいお店はなるべく予約してから出かけましょう。

Góa tēng saⁿ mê

グァ デン サン メー
我訂三暝

「暝」も「晚上(ワンサン)」も「夜」だけど、
「暝」は泊まるという意味合いが込められています。
ふつうに「夜」というときは「盈暗(インアム)」(eng-àm)。

~ sī kúi tiám

チェッ アウ シ グィディァム
Check out 是幾點？

ホテルなら英語でチェックアウトでも通じます。
台湾華語の「退房(トゥイファン)」(tuì fáng)、
台湾語「退房」(thè pâng) でもOK。

ホテルで②

予約なしの「とびこみ」の場合

部屋空いていますか？

台湾華語
（北京語）

yǒu kōng fáng jiān ma
ヨ コン ファン ジェン マ
有空房間嗎？

「單人房」＝「シングルルーム」です

シングル部屋ありますか？

yǒu dān rén fáng ma
ヨ ダン レン ファン マ
有單人房嗎？

なるべく安上がりですませたいとき

ひと晩いくらですか？

yì wǎn duō shǎo qián
イー ワン ドォ サウ チェン
一晚多少錢？

台湾語

Ū khang pâng--bô

ウ　カン　バン　ボ

有空房無？

台湾華語の「空」の発音に注意。
尻下がりに「コン」(kòng) と発音すると
「ひま」という意味になってしまします。

Ū toaⁿ-lâng pâng--bô

ウ　ドァン　ラン　バン　ボ

有單人房無？

ちなみに「ツインルーム」は「雙人房」(雙＝双)。
台湾華語読みでは「スァンレンファン」(shuāng rén fáng)、
台湾語読みでは「シャンランバン」(siang-lâng-pâng)。

Chit mê loā-chē chîⁿ

ジッ　メー　ルァ　ゼ　ジン

一暝偌濟錢？

ホテルは地域や規模などによって表記が違います。
「飯店」(fàn diàn)、「酒店」(jiǔ diàn) は大きめ、
「旅館」(lǚ guǎn)、「賓館」(bīn guǎn) は小さめ。
ちなみに、ラブホテルは「愛情賓館」または「愛情旅館」。

ホテルで③

一流ホテルでは使えない
割引ありますか？

台湾華語（北京語）

yǒu dǎ zhé ma
ヨ ダ ゼー マ
有打折嗎？

朝ひとりで起きられない人は
モーニングコールしていただけますか？

kě yǐ ~ wǒ ma
カ イ　モーニン　コー　ウォ マ
可以 morning call 我嗎？

「早上六點」で「朝6時」
明日朝6時に起こしていただけます？

kě yǐ míng tiān zǎo shàng liù diǎn jiào wǒ ma
カ イ ミンティェン ザウ サン リョ ディェン ジャウ ウォ マ
可以明天早上六點叫我嗎？

台湾語

「拍折」(台)、
「打折」(華)で
「割引(する)」

Ū phah-chiat--bô

ウ　パッジェッ　ボ

有拍折無？

一流ホテルは別として、
平日割引を提供しているところが多いので、
聞いてみるのもいいかも。
連泊の場合、割引交渉が可能なところも多いようです。

Kám ē-sái kā góa ~

ガム エ サイ ガ グァ　　モーニン　　コー

敢會使 kā 我 morning call？

台湾人同士が話すときに
よくいろんな言葉が混ざっちゃう。
台湾華語と台湾語のチャンポンも当たり前。
英語や日本語の単語もよく入ります。

Kám ē-sái bîn-á chái-khí lák-tiám kiò--góa

ガム エ サイ ビ ア ザイキー ラッディァムギョ グァ

敢會使明仔早起六點叫我？

台湾華語の「叫」は「叫ぶ」という意味とともに、
「寝ている人を起こす」という意味もあります。
「叫○○起床」(華) という使い方もします。

ショッピング① 【接客の台湾語】

お店の入口に書かれているのをよく見かけるはず

いらっしゃいませ

台湾華語
（北京語）

huān yíng guāng lín
ファン イン グァン リン

歡迎光臨

退店時に言われるお決まり四字熟語

ありがとうございました

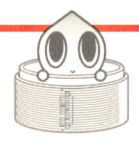

xiè xie guāng lín
シェ シェ グァン リン

謝謝光臨

台湾でもエコバッグ（環保袋）が常識になりつつある

袋いりますか？

yào dài zi ma
ヤウ ダイ ズ マ

要袋子嗎？

台湾語

Lâng-kheh lâi chē

ラン ケー ライ ゼー

人客來坐

台湾語の「人客」は台湾華語の「客人」、つまり「お客さん」という意味。
「來坐」は「遊びにおいでください」。
合わせて「いらっしゃいませ」という意味です。

Kám-siā　　　　Sūn-kiâⁿ

ガム シャ　　　スンギャン

感謝！順行

「感謝」は「ありがとうございます」。
「順行」は「ゆっくり行ってらっしゃい」。

Ài tē-á--bô

アイ デー ア ボ

愛袋仔無？

台湾ではレジ袋が有料なので、レジで必ず店員からこう聞かれます。「いる」場合は「要」(yào)、「いらない」場合は「不要」(bú yào) と答えましょう。「袋がほしい」場合は疑問詞の「嗎」を取って「我要袋子」になります。

ショッピング② 【お茶を買う】

台湾といえばお茶、お茶のお店に入りました

これは何のお茶？

台湾華語（北京語）

zhè shì shén me chá
ゼー ス セン モ ツァ

這是什麼茶？

やっぱり試飲でしょ！

飲んでみてもいいですか？

kě yǐ shì hē ma
カ イ ス ハ マ

可以試喝嗎？

台湾のお店は"はかり売り"のところが多い

300グラムください

wǒ yào bàn jīn
ウォ ヤウ バン ジン

我要半斤

台湾語

Che sī siáⁿ-mih tê

ゼー シ シャンミーッデー

這是啥麼茶？

台湾ではお茶でお客さんをもてなすことが多い。
お茶の種類もいろいろあるので、お茶を出されたら、
まずこのひとこと。その後の会話がスムーズに運ぶはず。

Kám ē-sái chhì lim

ガム エ サイ チー リム

敢會使試飲？

どのお茶のお店でも、まずは試飲してから。
気に入ったお茶をじっくり選びましょう。

Góa beh ài pòaⁿ kin

グァ ベ アイブァンギン

我欲愛半斤

同じ「斤」でも中国では1斤＝500グラムで、
台湾では1斤＝600グラムです。

ショッピング③【値段交渉】

英語なら「How much?」

いくらですか？

台湾華語（北京語）

duō shǎo qián
ドォ サウ チェン
多少錢？

指さしながら

これ、いくら？

zhè ge zěn me mài
ゼー ガ ゼン モ マイ
這個怎麼賣？

数の言い方は156ページ参照

三つ買うからまけて

> 台湾では「便宜」の「宜」は尻上がりに発音します

wǒ mǎi sān ge　　suàn pián yí diǎn
ウォ マイ サン ガ　スワン ピェン イー ディェン
我買三個，算便宜點

台湾語

Lōa-chē chîⁿ

ルァ ゼ ジン
偌濟錢？

台湾語の「偌濟」は台湾華語の「多少」。台湾語の場合は「錢」を省略して、「偌濟？」だけでも「いくら？」として通じます。

▼台湾のお札（新台幣）

100元札（孫文／色は赤系）

200元札（蔣介石／色は緑系）

500元札（少年野球／色は茶系）

1000元札（小学教育／色は青系）

2000元札（宇宙開発／色は紫系）

Che án-chóaⁿ bē

ゼ アンズァンベー
這按怎賣？

「怎麼」(華) =「按怎」(台)。
「これ」も「この」も台湾語では「這」だけでOK。ともに「これ、どう売っていますか？」が直訳。

Bé saⁿ ê　　　sǹg góa khah siók--leh

ベー サン エ　　セン グァ カッ シォッ レッ
買三個，算我較俗咧

デパートやコンビニでは値切れませんが、
昔ながらの市場でのまとめ買いなら値切りやすいはず。
勇気を出して数の部分だけ換えたりして言ってみよう。

ショッピング④【服を買う】

服や靴が小さいとき

ちょっときついね

台湾華語
（北京語）

tài xiǎo le
タイ シャウ ラ
太小了

「ワンサイズ大きいの」は「大一號的」

ひとつ大きいサイズありませんか？

yǒu dà yí hào de ma
ヨ ダ イー ハウ ダ マ
有大一號的嗎？

「別の色」の台湾華語は「別的顏色」

別の色はありませんか？

yǒu méi yǒu bié de yán sè
ヨ メイ ヨ ビェ ダ イェン セー
有沒有別的顏色？

台湾語

Siuⁿ sè--a

シゥン セ ア

傷細啊

台湾語の「細」は「小さい」という意味だよ。
ちなみに、「細い」は「瘦」(sán)。

Ū tōa chit hō--ê-bô

ウ ドゥア ジッ ホ エ ボ

有大一號的無？

「ひとつ小さいサイズ」の場合は
「大」を「小」に置きかえればOK。「小」の発音は
「シャウ」(xiǎo 華) または「ショ」(sió 台)。

Ū pat sek--bô

ウ バッ セッ ボ

有別色無？

ちなみに、熱帯国のせいか、台湾人は
概して鮮やかな色を好む傾向があります。

ショッピング⑤【店員さんとのやりとり】

ショーケースの品物を指さしながら
これ、ちょっと見せていただけますか？

台湾華語（北京語）
wǒ kě yǐ kàn yí xià zhè ge ma
ウォ カ イ カン イー シャ ゼー ガ マ

我可以看一下這個嗎？

言えそうで言えないフレーズ
それじゃなくて、その隣のやつ

bú shì nà ge　　shì páng biān de
ブ ス ナ ガ　　ス パン ビェン ダ

不是那個，是旁邊的

「コレだ！」というものが見つかりました
これに決めました

wǒ jué dìng le　　jiù zhè ge
ウォ ジュェ ディン ラ　　ジョ ゼー ガ

我決定了，就這個

台湾語

Góa kám ē-sái khòaⁿ che--chit-ē
グァ ガム エ サイ クァン ゼ ジッ レ
我敢會使看這一下？

「これ」は「這」(che 台)、「這個」(zhè ge 華)、
「それ」「あれ」は「彼」(he 台)、「那個」(nà ge 華) です。

M̄-sī he　　sī piⁿ--a hit ê
ム シ ヘ　　シ ビン ア ヒ レ
唔是彼，是邊仔彼個

「この」は「此」(chit 台)、「這」(zhè 華)、
「その」「あの」は「彼」(hit 台)、「那」(nà 華) です。
「旁邊」(華)、「邊」(台) で「となり」。

Góa koat-tēng--a　　tō chit ê
グァ グァッディン ア　　ド ジッ レ
我決定啊，就此個

「これにしよう」なら
「吧」をつけて「就這個吧」(華) です。

ファストフードのお店で①

聞かれる前に自分から言ってしまおう

テイクアウトです

台湾華語
(北京語)

wǒ xiǎng wài dài
ウォ シャン ワイ ダイ
我想外帶

直訳は「ここで食べる」

店内で食べます

zhè biān chī
ゼー ビェン ツ
這邊吃

台湾もエコの時代

お箸を一膳ください

gěi wǒ yì shuāng kuài zi
ゲイ ウォ イー スゥアン クァイ ズ
給我一雙筷子

台湾語

Góa beh pau--ê

グァ ベ バウ エ

我欲包的

ファストフードで注文すると「內用還是外帶？」
(ネイヨン ハイ ス ワイダイ)
(店内で召し上がりますか？ 持ち帰りですか？) と
必ず聞かれます。

Beh tī chia chiáh

ベ ディ ジャー ジャッ

欲佇遮食

ファストフードだけではなくて
露店でも通じるフレーズ。

Hō͘ góa chit siang tī

ホ グァ ジッ シャン ディ

給我一雙箸

台湾ではマイ箸を持っている人が多いので、
お箸が必要な場合はこう店員に声をかけてください。

ファストフードのお店で②

「吸管」で「ストロー」
ストローありますか？

台湾華語（北京語）

yǒu méi yǒu xī guǎn
ヨ メイ ヨ シ グァン
有沒有吸管？

デザートをたのんだけどスプーンがついてない
スプーンありますか？

yǒu xiǎo tiáo gēng ma
ヨ シャウティァウ ゲン マ
有小調羹嗎？

経費で落とす人は
領収書をください

má fán kāi yí xià shōu jù
マ ファン カイ イー シャー ソォ ジュイ
麻煩開一下收據

台湾語

Ū suh-kóng--bô

ウ スゥッゴン ボ

有吸管無？

「有○○無？」（○○ありますか？）は
とても応用の利く文型なので、
覚えておきましょう。

Ū sè ki thng-sî-á--bô

ウ セー ギ テン シ ア ボ

有細支湯匙仔無？

ちなみに、「調羹」(tiáo gēng 華) は「レンゲ」。
「小調羹」(華)、「湯匙仔」(台) は「スプーン」という意味。

Lô-hoân khui siu-kù--chı̍t-ē

ロ ファン クイ シュ グ ジッ レ

勞煩開收據一下

「收據」で「領収書」あるいは「レシート」。
「開收據」で「領収書を発行する」という熟語です。

レストランで①

台湾に行ったら絶対外せないでしょう
ショウロンポウ一人前ください

台湾華語（北京語）

gěi wǒ yí fèn xiǎo lóng bāo
ゲイ ウォ イー フェン シャウ ロン バウ
給我一份小籠包

2本指を立てながら言えば通じるはず
二人前ください

lái liǎng fèn
ライ リャン フェン
來兩份

マンゴーかき氷も台湾グルメの定番
マスター、マンゴーのかき氷一人前

lǎo bǎn　　　yí fèn máng guǒ bīng
ラウ バン　　イー フェン マン グォ ビン
老闆，一份芒果冰

台湾語

Hō góa chi̍t hūn "xiǎo lóng bāo"

ホ グァ ジッ フン シャウ ロン バウ

給我一份<u>小籠包</u>

「小籠包」のような台湾華語由来の固有名詞は、そのまま台湾華語で読むのがふつうです。

Lâi nn̄g hūn

ライ レン フン

來兩份

お友達と一緒にまとめて注文を取る場合、数字の部分だけを言い換えればOK。その際に、指を数に合わせて出してあげると少々声調がずれてもわかってもらえるでしょう。

Thâu-ke　　chi̍t hūn soāiⁿ-á peng

タウ ゲ　　ジッ フンスァイン ア ビン

頭家，一份檨仔冰

台湾語の「頭家(タウゲ)」は「社長」「マスター」「店のご主人」などの意味のほかに、「夫」という意味もあります。「檨仔(スァインア)」は「マンゴー」。

レストランで②

見たことのない料理が運ばれてきたら

これは何ですか？

台湾華語
（北京語）

zhè shì shén me
ゼー ス セン モ

這是什麼？

台湾は菜食主義の人が多い

私はベジタリアンです

wǒ chī sù
ウォ ツー スゥ

我吃素

日本の人は辛いのが苦手な人が多い？

辛いのが苦手です

wǒ bù gǎn chī là de
ウォ ブ ガン ツー ラ ダ

我不敢吃辣的

台湾語

Che sī siáⁿ-mih

ゼ シ シャンミーッ
這是啥物？

「啥物」は「なに」。発音は台湾華語の
「蝦米」（xiā mǐ／干しエビ）に似ているので、
当て字の「蝦米」のほうが流行語として
若者の間で定着しているようです。

Góa chiảh-chhài

グァ ジャッツァイ
我食菜

宗教などの理由で、台湾では
ベジタリアンが多いようです。また街中にも
「素食」（sù shí 華／ベジタリアンレストラン）が多い。

Góa m̄-káⁿ chiảh hiam--ê

グァ ム ガン ジャッヒャム エ
我唔敢食辣的

「麻辣火鍋」（má là huǒ guō 華）と呼ばれる
激辛鍋にさそわれたら、
このフレーズでやんわりと断りましょう。

レストランで③

パクパク食べて

おいしい

台湾華語
(北京語)

hǎo chī
ハウ ツー
好吃

ゴクゴク飲んで

おいしい

hǎo hē
ハウ ハー
好喝

これ以上は食べられない

おなかいっぱい

hǎo bǎo
ハウ バウ
好飽

台湾語

Hó-chiah

ホー ジャッ

好食

どうしても口に合わない場合は「まあまあ」という意味の
「還好」（hái hǎo 華）でお茶を濁しましょう。
ちなみに「まずい」は「難吃」（nán chî 華）か
「不好吃」（bù hǎo chî 華）です。

Hó-lim

ホー リム

好飲

ジュース、スープなどすべての飲み物に使えます。
ちなみに「まずい」は「難喝」（nán hē 華）か
「不好喝」（bù hǎo hē 華）です。

Chiok pá--ê

ジョッ バー エ

足飽的

台湾人はすすめ上手。
食事のときに「もっと食べなさい」という意味の
「多吃一點」（duō chī yì diǎn 華）ですすめてきます。
そんなときに使いましょう。

レストランで④

食べ物の「味」を聞かれておいしくなかったら

まあまあ

台湾華語（北京語）

hái hǎo
ハイ ハウ
還好

おいしさにも段階がある!?

まあまあおいしいよ

bú cuò chī
ブ ツォ ツー
不錯吃

このフレーズを使わないですむといいんだけど

おいしくない

bù hǎo chī
ブ ハウ ツー
不好吃

台湾語

Phó-phó--a

ポ ポ ア

普普啊

「普通」と書いて、台湾華語では「プートン」(pǔ tōng)、
台湾語では「ポートン」(phó-thong) と発音します。
そのもっとくだけた言い方がこの「普普啊」。
ふつう〜って感じ。

Bē-bái chiah

ベー バイ ジャッ

未䆀食

「不錯」は「悪くない」、すなわち「良い」。
「不錯吃」＝「好吃」。マイナスを否定して
プラスの表現にするこれらの表現は、
もともと台湾語からできた台湾華語表現なのです。

Bô-hó chiah

ボ ホ ジャッ

無好食

ちなみに、もっとストレートに「まずい」というときの
台湾華語は「難吃」(nán chī)、
台湾語は「歹食」(pháiⁿ chiah)。

お酒の席で

「カンパイ」でも通じます

乾杯

台湾華語
（北京語）

gān bēi
ガン ベイ
乾杯

相手が複数の場合

みんなに乾杯

wǒ jìng dà jiā
ウォ ジン ダ ジャ
我敬大家

あまり飲めないとき（人）はこのフレーズを

適量に

wǒ suí yì
ウォ スェ イ
我隨意

台湾語

Hō ta--lah

ホ ダ ラー

互乾啦

「乾杯(ガンペェ)」という台湾語も使うが、
「ホダラー」を使うとより親しまれるよ。

Góa kèng ta̍k-ke

グァ ギン ダッ ゲ

我敬逐家

台湾では手酌酒は失礼になりませんが、
乾杯しないで飲んでばかりいると、
やはり失礼にあたることもあるので
気をつけましょう。

Góa sûi-ì

グァ スイ イ

我隨意

台湾では「乾杯(ガンペイ)」というと、まさに「一気に飲み干す」
ことをすすめられる（特に男性の方）ことも多いので、
「あまり飲めない」方にぜひ覚えてほしいフレーズ。

タバコを吸う人のための台湾語

台湾も喫煙家は肩身が狭くなりつつある

タバコを吸ってもいいですか？

台湾華語（北京語）

wǒ kě yǐ chōu yān ma
ウォ カ イ ツォ イェン マ
我可以抽煙嗎？

レストランなどで

ここは禁煙ですか？

zhè lǐ bù néng chōu yān ma
ゼー リ ブ レン ツォ イェン マ
這裡不能抽煙嗎？

ライターを忘れたふりして使う人も

火、持っていますか？

nǐ yǒu huǒ ma
ニ ヨ フォ マ
你有火嗎？

台湾語

Góa kám ē-sái chiàh-hun

グァ ガム エ サイ ジャッ フン
我敢會使食薰？

2009年1月より台湾では
3人以上の人がいるパブリックな場において
禁煙を徹底する法律が施行されます。
「抽煙」(華)、「食薰」(台)で「タバコを吸う」です。

Chia kám bē-tàng chiàh-hun

ジャー ガム ベー ダン ジャッ フン
遮敢未當食薰？

スナック、バー、カラオケなどではまだ吸えるところも
あるが、時代の流れで完全禁煙してるところも多い。
「遮」は「ここ」、「未當」は「～できる」。

Lí ū hóe--bô

リ ウ フェ ボ
你有火無？

バーやディスコなどの盛り場では、火を借りること、
イコール、会話のきっかけづくりでしかないので、
それを覚悟の上で使いましょう。

タクシー① 【タクシーを拾う】

手を挙げて声を出して捕まえよう!

タクシー!

台湾華語（北京語）

ji chéng chē
ジ チェン チェ

計程車!

ストップ!

ここで止めて!

zhè lǐ tíng chē
ゼー リ ティン チェ

這裡停車!

太っ腹だね!

おつりは結構です

bú yòng zhǎo
ブ ヨン ザウ

不用找

台湾語

Kè-thêng-chhia

ケー テン チャ

計程車！

台湾語独特な語尾「仔」をつけて
「計程仔(ケーテンア)」というと親しみのこもった感じになります。
ちなみに、中国では「出租車」(chū zū chē)といいます。

Tī chia thêng

ディジャー テン

佇遮停！

短めの「ここ！」(這裡(ゼーリ) 華)や、
「止めて」(停車(ティンチェ) 華)だけでもOK。

Bián chāu

ベン ザウ

免找

台湾にはチップの習慣はありませんが、
チップの代わりにおつりをあげれば、
もちろん喜ばれます。

タクシー② 【行き先を告げる】

タクシーに行き先を告げる

士林夜市まで

台湾華語（北京語）

dào Shì lín yè shì
ダウ スー リン イェ スー
到士林夜市

> 士林夜市は台北の有名な夜市街です

地図を見せながら

ここまでお願いします

wǒ yào dào zhè lǐ
ウォ ヤウ ダウ ゼー リ
我要到這裡

台湾語では「遮」は「ここ」なのです

ここから遠いですか？

lí zhè lǐ yuǎn ma
リ ゼー リ ユェン マ
離這裡遠嗎？

台湾語

Khì Sū-lîm iā-chhī-á

キー スゥ リム ヤー チー ア

去士林夜市仔

規模の大小はありますが、台湾の各地にいろんな夜市が
存在しています。夏は夜になると涼みがてらに
夜市に繰り出すのが台湾人にとって一番の楽しみ。

Kàu chia chiū hó

ガウ ジャー ジュ ホー

到遮就好

ホテルに戻るときのことを考えて
ホテルの名刺をもらっておこう。それを見せれば
タクシーの運転手さんにも確実に通じるはず。

Lī chia ū hn̄g--bô

リ ジャー ウ ヘン ボ

離遮有遠無？

リンセンベイルー
林森北路は
日本料理の
お店が多い

目的地を伝えるときに、住所よりも
「通りの交差点」を言ったほうが迷わない。たとえば
「長安東路と林森北路の交差点」というふうに。

タクシー③【運転手さんにアピール】

マイペースな運ちゃんのタクシーに乗っちゃった

急いでいますんで

台湾華語
（北京語）

wǒ gǎn shí jiān
ウォ ガン スー ジェン

我趕時間

いよいよやばいとき

急いでもらえます？

kě yǐ kāi kuài yì diǎn ma
カ イ カイ クァイ イー ディェン マ

可以開快一點嗎？

カーナビなしのタクシーで

道、わかっていますか？

nǐ zhī dào lù ma
ニー ズー ダウ ルー マ

你知道路嗎？

台湾語

Góa kóaⁿ sî-kan

グァ グァン シ ガン

我趕時間

わりとせっかちな台湾人。
タクシーに乗り込むと、すかさず
このフレーズを口にする人も多い!?

> 「緊」の
> 反対は「慢」
> (35ページ参照)

Ē-sái sái khah kín--ê-bô

エ サイ サイ カッ ギン エ ボ

會使駛較緊的無？

もっと短く「速く！」は
台湾華語では「快一點」(kuài yì diǎn)、
台湾語は「較緊的」(khah kín--ê)。連呼すると
日本の方には「カキン・カキン」と聞こえるようです。

Lí kám chai lō

リ ガム ザイ ロ

你敢知路？

台湾のタクシーはまだカーナビが標準装備ではありません。
マイナーなところに行くとき、乗る前にひとこと、
運転手さんに確かめておいたほうが無難でしょう。

列車に乗る① 【切符を買う】

台湾でも自由席で通じます

自由席一枚

台湾華語
（北京語）

zì yóu xí yì zhāng
ズ　ヨ　シ　イー　ザン

自由席一張

数量の「2」は「二」でなく「兩」を使います

高雄まで二枚

Gāo xióng liǎng zhāng
ガウ　シオン　リャン　ザン

高雄兩張

否定疑問文です

（指定）席はもうないでしょうか？

méi yǒu zuò piào le ma
メイ　ヨ　ゾォ　ピャウ　ラ　マ

沒有坐票了嗎？

台湾語

Chū-iū-chō chi̍t tiuⁿ

ズウ ユウ ゾ ジッディオン

自由座一張

台湾華語の「自由席（ズヨシ）」という表現は2007年「高鐵（ガウティェ）」（gāo tiě／新幹線）開通により生まれた表現。それまでは「站票（ザンピャウ）」（zhàn piào／立ちチケット）という表現を使っていました。

Ko-hiông nn̄g tiuⁿ

ゴー ヒョン レンディオン

高雄兩張

チケットを買うときは「目的地＋枚数」という文型でOK。
発音に不安があるなら、紙に書いて
窓口の人に渡すといいでしょう。

Bô ūi--a ōh

ボ ウィ ア オ

無位啊喔？

台湾語の「位（ウィ）」（ūi）は
台湾華語では「位子（ウェイズ）」（wèi zi）。
ともに日本語の「席」という意味。

列車に乗る② 【駅構内で】

序数の「2」は「二」でOK

二番出口はどこですか？

台湾華語（北京語）

èr hào chū kǒu zài nǎ lǐ
アル ハウ ツゥ コウ ザイ ナー リ

二號出口在哪裡？

プラットホームは「月台」

下り（の電車）は何番ホームですか？

nán xià shì jǐ hào yuè tái
ナン シャー ス ジ ハウ ユェ タイ

南下是幾號月台？

エレベーターは「電梯」

エレベーターはどこですか？

diàn tī zài nǎ lǐ
ディェン ティ ザイ ナー リ

電梯在哪裡？

台湾語

> 「叨」は「どこ」という意味

Jī hō chhut-kháu tī toh

ジ ホ ツゥッ カウ ディ ドッ

二號出口佇叨？

今まで台湾では、駅の出口と言えば、番号よりも「前站」(qián zhàn 華/前駅)、「後站」(hòu zhàn 華/後ろ駅)という言い方が一般的でした。

Lóh-lâm sī kúi hō goe̍h-tâi

ロッ ラム シ グイ ホ グェッダイ

落南是幾號月臺？

「上り」（台北方面行き）は、台湾華語では「北上」(běi shàng)、台湾語では「上北」(chiūⁿ pak)という。

Tiān-thui tī toh

デン トィ ディ ドッ

電梯佇叨？

実はエレベーターもエスカレーターも「電梯」と表現します。どうしても区別したい場合、前者を「溜籠」(liu-lông 台)、後者を「電樓梯」(diàn lóu tī 華)という。

列車に乗る③【車内で】

「位置」で「席」なのです

ここは私の席ですが

台湾華語（北京語） zhè lǐ shì wǒ de wèi zhì
ゼー リ ス ウォ ダ ウェイ ズ

這裡是我的位置

このひとことからはじまる出会いもあるはず

ここは空いていますか？

zhè lǐ yǒu rén zuò ma
ゼー リ ヨ レン ゾォ マ

這裡有人坐嗎？

自由席で。上の言いかえフレーズ

ここに座ってもいいですか？

wǒ kě yǐ zuò zhè lǐ ma
ウォ カ イ ゾォ ゼー リ マ

我可以坐這裡嗎？

台湾語

Che sī góa ê ūi

ゼ シ グァ エ ウィ

這是我的位

台湾の列車も指定席がありますが、
空いてればみんなかなり適当に座っちゃうので、
「對不起」(すみません)を前につけて言うと
なおいいでしょう。

Chia ū lâng chē--bô

ジャー ウ ラン ゼー ボ

遮有人坐無？

列車内で空いてる席を見つけたら
とりあえず座っちゃおう。
指で空席を指しながら言うと、より効果的。

Góa kám ē-sái chē chia

グァ ガム エ サイ ゼージャー

我敢會使坐遮？

「遮」(台)は「這裡」(華)に相当。ともに「ここ」の意。
ちなみに台湾華語では「遮」は「ゼー」(zhē)と読み、
文字どおり「さえぎる」という意味になります。

列車に乗る④【車内アナウンス】

台北から台中まで
「高鉄」なら1時間もかかりません

次は台中です

台湾華語
（北京語）

xià yí zhàn shì Tái zhōng
シャー イー ザン ス タイ ゾン
下一站是台中

台南は台湾の古都

台南です

Tái nán dào le
タイ ナン ダウ ラ
台南到了

忘れ物に気をつけて

下車のご準備を

qǐng zhǔn bèi xià chē
チン ズゥン ベイ シャー チェ
請準備下車

台湾語

Āu chit chām sī Tâi-tiong

アウ ジッ ザム シ ダイディオン

後一站是台中

台湾の列車内のアナウンスは
台湾華語、台湾語、客家語の順になっています。

Tâi-lâm kàu--a

ダイ ラム ガウ ア

台南到啊

直訳すると
「台南に着きました」という意味。

Chhiáⁿ chún-pī lo̍h chhia

チャンズゥン ビ ロッチャー

請準備落車

台湾語の「落」（ロッ）＝台湾華語の「下」（シャー）。
「落車」（ロッチャー）＝「下車」（シャーチェ）のほかにも、「雨が降る」は
「落雨」(lo̍h-hō͘)（ロッホー）＝「下雨」(xià yǔ)（シャーユイ）。

バスにも乗ってみよう

> 台湾語でバスは「巴士」と書きます

バスに乗るときはなるべく小銭を準備してね

おつり出ますか？

台湾華語（北京語）

zhǎo líng ma
ザウ リン マ

找零嗎？

聞くは一時の恥

師範大学（師大）まで行きますか？

qǐng wèn yǒu dào Shī dà ma
チン ウン ヨ ダウ ス ダ マ

請問有到師大嗎？

こうたのんでおけば安心

着いたら教えてもらえますか？

dào le kě yǐ gào sù wǒ yì shēng ma
ダウ ラ カ イ ガウ スゥ ウォ イー セン マ

到了可以告訴我一聲嗎？

台湾語

Ū thang chāu chîⁿ--bô

ウ タン ザウ ジン ボ

有通找錢無？

「有通」は台湾華語の「有得」(yǒu dé) で、
「~することができる」という意味。

Chhiáⁿ-mñg ū kàu Su-tāi--bô

チァンモン ウ ガウ スゥダイ ボ

請問有到師大無？

「有＋動詞＋無？」は「~(し)ますか？」という意味。
動詞の前に「有」が入るのが台湾的。

Kàu-ūi ē-sái kā góa kóng--chit-siaⁿ-bô

ガウウィ エ サイ ガ グァゴンジッシャン ボ

到位會使kā我講一聲無？

「到位」は台湾語で「着く」という意味。
「告訴」(華) = 「講」(台) で「教える」という意味。

占いストリートに出かけよう

台湾は占いでも有名

占ってください

台湾華語（北京語）

wǒ yào suàn mìng
ウォ ヤウ スワン ミン

我要算命

誕生日を聞かれて

○月○日生まれです

wǒ shēng rì shì ～ yuè ～ rì
ウォ セン ズー ス　ユェ　ズ

我生日是○月○日

やっぱり気になるでしょう

私の恋愛運はどうでしょうか？

wǒ de liàn ài yùn zěn yàng
ウォ ダ リェン アイ ユン ゼン ヤン

我的戀愛運怎樣？

台湾語

Góa beh sǹg-miā

グァ ベ セン ミャ
我欲算命

台湾人もみんな占いや手相が大好き。
より正確に占ってもらう場合、
陰暦（旧暦）の生年月日に加えて、生まれた時刻も必要。

Góa seⁿ-jit sī ~ goe̍h ~

グァ セン ジッ シ　　グェツ
我生日是〇月〇

たとえば2月10日は「二月初十」（ジーグェッツェザップ）となる

台湾で日付をいうときは「〇月〇」と最後の「日」を
省略することが多く、また1日から10日までの
初旬の日は「初一」～「初十」と表現します。

Góa ê loân-ài ūn siáⁿ-khoán

グァ エ ルァン アイ ウン シャンクァン
我的戀愛運啥款？

恋愛運・異性運は「桃花運」(táo huā yùn 華)とも。
「走」という動詞を入れて「走桃花運」（ゾウ タウ ファ ユン）(zǒu táo huā yùn)
というと、「異性運がある」という意味にもなります。

マッサージ

台湾は按摩（マッサージ）天国です

気持ちいい！

台湾華語（北京語）

hěn shū fú
ヘン　スゥ　フー
很舒服！

足裏マッサージで たぶん使うことになるひとこと

痛い！

hǎo tòng
ハウ　ドン
好痛！

痛いのを我慢するのはよくありません

もっとやさしく

qīng yì diǎn
チン　イー　ディェン
輕一點

台湾語

Chiok sóng-khoài

ジョッ ソン クァイ

足爽快！

「気持ちいい？」と聞かれたら、こう答えよう。
「気持ちよくない」は「不舒服」(華)、「無爽快」(台)
という。「足」は"あし"ではなく"とても"の意
（19ページ参照）。

Chiok thiàⁿ--ê

ジョッ ティアン エ

足痛的！

「いたたたた」は「痛痛痛」(華)、
ドアを叩く音ではないよ。

Khah khin--leh

カッ キン レッ

較輕咧

物足りなく感じるときは
「重一點」(zhòng yì diǎn 華/もっと強く)。

記念撮影です

撮影禁止のところもあるからね

写真を撮ってもいいですか？

台湾華語（北京語）

wǒ kě yǐ zhào xiàng ma
ウォ カ イ ザウ シャン マ

我可以照相嗎？

勇気を出してたのんでみよう

写真を撮っていただけますか？

kě yǐ bāng wǒ zhào xiàng ma
カ イ バン ウォ ザウ シャン マ

可以幫我照相嗎？

もっと勇気を出してたのんでみよう

一緒に写真を撮ってもいいですか？

kě yǐ hàn nǐ yì qǐ zhào xiàng ma
カ イ ハン ニ イー チ ザウ シャン マ

可以和你一起照相嗎？

台湾語

> 「照相」(華)
> 「翕相」(台) で
> 「写真を撮る」

Góa kám ē-sái hip-siōng

グァ ガム エ サイ ヒップション
我敢會使翕相？

「敢會使〜？」あるいは「會使〜無？」で
「〜してもいいですか？」という疑問文に。
台湾は撮影禁止のところも増えてきたので、
写真を撮る前にひとこと聞くのがマナーです。

Ē-sái kā góa hip-siōng--bô

エ サイ ガ グァ ヒップション ボ
會使kā我翕相無？

旅行先で写真を撮ってもらうときに便利なフレーズ。
ちなみに、「はい、チーズ」は
台湾華語では「笑一個」(xiào yí ge)。

> 「做夥」は
> 「一緒に」

Ē-sái kap lí chò-hóe hip-siōng--bô

エ サイ ガップ リ ゾ フェ ヒップション ボ
會使kap你做夥翕相無？

憧れのアイドルや可愛い子と写真を撮るときは、
まずこのひとことで許可を得てからにしましょう。

食事にさそう

台湾の食事はおいしいからね

一緒に食事に行こう！

台湾華語
（北京語）

yì qǐ qù chī fàn ba
イー チー チュイ ツー ファン バ
一起去吃飯吧

台湾の人はワリカンはあまりしません

ご馳走します

wǒ qǐng kè
ウォ チン カー
我請客

おごってもらったときは

次はボクのおごりです

xià cì wǒ qǐng
シャー ツー ウォ チン
下次我請

台湾語

Chò-hóe lâi-khì chiảh-pn̄g--lah

ゾ フェ ライ キー ジャッ ベン ラッ

做夥來去食飯啦

「做夥」は「群れを成して」=「一緒に」。

Góa chhiá[n]

グァ チァン

我請

台湾人は一緒に食事をすることを
コミュニケーションの一環として好んでします。
たいていは割り勘しないで誰かがおごることが多い。

Āu pái góa chhiá[n]

アウ バイ グァ チァン

後擺我請

目下よりも目上が、女性よりも男性が、
経済的に余裕のある人が会計を持つ傾向が
台湾でも多く見られます。

ちょっとナンパな台湾語

演技派向け決まり文句

どこかで会わなかったっけ？

台湾華語（北京語）　wǒ mén hǎo xiàng jiàn guò miàn
ウォ　メン　ハウ　シャン　ジェン　グォ　ミェン

我們好像見過面？

上の言いかえでなおもねばる

君のこと、見覚えがあるんだよ

nǐ hǎo miàn shóu o
ニ　ハウ　ミェン　ソゥ　オ

妳好面熟哦

日本語の「お茶しない？」よりは丁寧な感じ

コーヒー、一杯いかが？

kě yǐ qǐng nǐ hē bēi kā fēi ma
カ　イ　チン　ニ　ハ　ベイ　カ　フェイ　マ

可以請妳喝杯咖啡嗎？

台湾語

Lán kám bat kìⁿ kòe bīn

ラン ガム バッ ギン グェ ビン

咱敢曾見過面？

「私たち」は台湾語では二通りの言い方があります。
話し相手を含んで「私たち」は「咱」で、
話し相手を含まない「私たち」は「阮」。

Lí bīn-se̍k bīn-se̍k oh

リ ビン セッ ビン セッ オー

你面熟面熟喔

「面」は「顔」で、「熟」は「よく知っている」、つまり
「よく知ってる顔」＝「見覚えがある」という意味。

Kám ē-sái chhiáⁿ lí lim ka-pi

ガム エ サイ チァン リ リム ガー ビ

敢會使請你飲咖啡？

前にも出てきましたが、
「可以〜嗎？」(**華**)、「敢會使〜？」(**台**) は
相手の許可を求める丁寧な聞き方。

カラオケに行く

卡拉OK

カウンターで

空いてるボックスありますか？

台湾華語（北京語）

yǒu kōng bāo xiāng ma
ヨ コン バウ シャン マ

有空包廂嗎？

お決まりフレーズだね

一時間いくらですか？

yì xiǎo shí duō shǎo qián
イー シャウ スー ドォ サウ チェン

一小時多少錢？

漢字だらけで選曲できない

どうやって選曲するのでしょうか？

yào zěn me diǎn gē a
ヤウ ゼン モ ディェン ガ ア

要怎麼點歌啊？

台湾語

Ū khang ê pâng-keng--bô

ウ カン エ バンゲン ボ

有空的房間無？

台湾のカラオケボックスは、人数ではなくて部屋の
サイズによって料金計算が違う。また深夜になると
警察による臨検が入るので、パスポートなど
身分証明書を持って訪ねたほうがいいでしょう。

Chit tiám-cheng loā-chē chîⁿ

ジッディアムジェン ルア ゼ ジン

一點鐘偌濟錢？

ちなみに、「何時間」は、
台湾華語では「幾小時」(jǐ xiǎo shí)、
台湾語では「幾點鐘」(kúi tiám-cheng) といいます。

Beh án-chóaⁿ tiám koa

ベ アン ズァンディアムグァ

欲按怎點歌？

「點歌」で「選曲する」

台湾のカラオケは、歌のタイトルの「字数」（何文字か）と
最初の文字の「画数」（何画か）の順になっていることが
多いから、慣れるまでは戸惑うかもしれません。

趣味や好物をたずねる

私の場合は「語学」かな

趣味は何ですか？

台湾華語
（北京語）

nǐ de xìng qù shì shén me
ニ ダ シン チュィ ス セン モ

你的興趣是什麼？

好きな食べ物をきくフレーズ

好物は何ですか？

nǐ xǐ huān chī shén me
ニ シー ファン ツー セン モ

你喜歡吃什麼？

「東西」は「もの」という意味

何が好きですか？

nǐ xǐ huān shén me dōng xī
ニ シー ファン セン モ ドン シー

你喜歡什麼東西？

台湾語

Lí ê chhù-bī sī siáⁿ
リ エ ツゥビ シ シャン
你的趣味是啥？

「趣味はなに？」と聞かれて、
冗談半分で（と思って実は本気？）「仕事！」と
答えたりする台湾人もたまにいます。

Lí ài chiah siáⁿ-mih
リ アイ ジャッシャンミーッ
你愛食啥物？

台湾人はどちらかというとすっぱいものが
苦手な人が多い。また昔は生のものを食べられなかった
人も多かったですが、最近は日本ブームも手伝って
日本料理が好きな人もかなり増えました。

Lí kah-i siáⁿ-mih mih-kiāⁿ
リ ガー イ シャンミーッミーッギャン
你甲意啥麼物件？

なにかプレゼントする前に
相手の好みをあらかじめ聞いておいたほうが
無難でしょう。冗談で「お金！」と答えたりする
茶目っ気たっぷりの台湾人もいます。

贈り物をわたすときのひとこと

つまらないものですが…
ご笑納ください

台湾華語（北京語）

qǐng xiào nà
チン シャウ ナー
請笑納

どんな気持ち!?
私のほんの気持ちです

zhè shì wǒ de yì diǎn xīn yi
ゼー ス ウォ ダ イー ディェン シン イ
這是我的一點心意

こんなメモがそえてあったら嬉しいね
気に入っていただけると嬉しいです

xī wàng nǐ huì xǐ huān
シ ワン ニ フェ シー ファン
希望你會喜歡

「喜歡」（シーファン）は「好き」という意味

台湾語

Bô khì-hiâm chhiáⁿ siu--lo̍h-lâi

ボ キー ヒャム チァン シュ ロッ ライ

無棄嫌請收落來

「棄嫌」は台湾華語では「嫌棄」(xián qì)、「嫌がる、見捨てる」という意味。このように台湾語と台湾華語で熟語の上下が逆転するものがあります。たとえば「風颱」(台) と「台風」(華)、「人客」(台) と「客人」(華)。

Che sī góa tām-po̍h-á sim-ì

ゼ シ グァ ダム ボッ ア シム イ

這是我淡薄仔心意

「少し」は台湾語では二通りの言い方があります。「一點啊」(chi̍t-tiám-á) と文中の「淡薄仔」。

Hi-bāng lí ū kah-ì

ヒ バン リ ウ ガー イ

希望你有甲意

「甲意」で「好き」という意味（109ページ参照）

「有＋動詞」は台湾語独特な文型で、状態を表す文になります。「有甲意」なら「好きでいる状態」。

嬉しい気持ちのリアクションフレーズ

すてきなプレゼントをもらったときに

気に入りました

台湾華語（北京語）

wǒ hěn xǐ huān
ウォ ヘン シー ファン
我很喜歡

とてもよく使うので覚えよう

嬉しいです

wǒ hěn gāo xìng
ウォ ヘン ガウ シン
我很高興

絶品のショウロンポウを口に入れて
（やけどに注意）

幸せ〜

hǎo xìng fú o
ハウ シン フー オ
好幸福哦

台湾語

Góa chin kah-ì

グァ ジン ガー イ
我真甲意

「好き」は台湾語では「甲意(ガーイ)」というのです。
「君が好き」なら「我真甲意你(グァジンガーイリ)」になります。

Góa chin hoaⁿ-hí

グァ ジン ファン ヒー
我真歡喜

応用範囲の広いフレーズです。
「高興(ガウシン)」の代わりに「開心」(kāi xīn)も
同じ意味として使えますよ。

Chiok hēng-hok--ê oh

ジョッ ヒン ホッ エ オ
足幸福的喔

主語の「我」を頭につけて
「我好幸福哦(ウォハウシンフーオ)」(華)、
「我足幸福的喔(グァジョッヒンホッエオ)」(台)もOKよ。

楽しい気持ちのリアクションフレーズ

こういうとおもしろさが倍増

おもしろ～い！

台湾華語
（北京語）

hǎo hǎo wán o
ハウ ハウ ワン オ
好好玩哦！

台湾にも可愛いもの（人）がいっぱいあるよ

可愛い！

hǎo kě ài o
ハウ カ アイ オ
好可愛哦！

相手が何かすごいことをやったときに

すごーい！

hǎo bàng o
ハウ バン オ
好棒哦！

台湾語

Chiok chhù-bī oh

ジョッ ツゥ ビ オー
足趣味喔！

語尾「オ」をつけるのが台湾流。
（語尾をちょっと伸ばすところがみそ）。

Chiok kó-chui--ê

ジョッ ゴー ズィ エ
足古錐的！

「洪水」みたいだけどこれで「可愛い」なのです

台湾語の「足」(chiok) は
台湾華語の「很」(hěn / とても) で、
「足夠」(zú gòu / 十分に) から来たようです。

Chán oh

ザン オー
讚喔！

親指を上向きに立てながら「讚」というのが台湾流。
「すこぶるいい」という力強いほめ方なので、
盛り上がります。

イケてるときのリアクションフレーズ

「太~」で「超」みたいなニュアンス

すごすぎ！

台湾華語
（北京語）

tài lì hài le
タイ リ ハイ ラ
太厲害了！

相手の申し出にすかさず反応

いいね！

hěn hǎo a
ヘン ハウ ア
很好啊！

「帥」も「水」も「カッコいい」という意味

格好いい！

tài shuài le
タイ スァイ ラ
太帥了！

台湾語

Thài lī-hāi--a

タイ リ ハイ ア
太厲害啊！

「厲害」は「すごい」というのプラスの意味と
「恐ろしい」というマイナスの意味を持っています。
例文：「她個性很厲害」（彼女の性格は恐ろしい）

Chán--lah

ザン ラッ
讚啦！

「賛成！」という意味あいにもなるね。

Súi--lah

スイ ラッ
水啦！

台湾語の「水」は、台湾華語の
「漂亮」(piào liàng／キレイ) という意味にもなります。

驚いたときのリアクションフレーズ

うそみたいな話を聞かされて

本当に？

台湾華語（北京語）

zhēn de ma
ゼン ダ マ
真的嗎？

ありえないことが起こったときに

まさか！

bú huì ba
ブ フェ バ
不會吧！

ほっぺたをつねってみる？

信じられない！

tài kuā zhāng le ba
タイ クァ ザン ラ バ
太誇張了吧！

台湾語

Kám ū-iáⁿ

ガム ウ ヤン

敢有影？

日本語の「本当に」の擬声語として
「紅豆泥」(hóng dòu ní 華) も
流行語として定着しています。

Bē--lah oh

ベー ラ オ

未啦喔

信じない気持ちがさらに高まって
「うそでしょ!?」といったニュアンスの
「你騙人」(nǐ piàn rén 華) もよく使います。

Siuⁿ hàm--a-lah

シゥン ハ マ ラッ

傷hàm啊啦！

hàm--a を
リエーゾンさせて
「ハムア」じゃなくて
「ハマ」と読むと
よりネーティブ
らしいよ

「hàm」=「誇張」=「おおげさ」=「信じられない」。
ちなみに「信じたくない」は
「我不相信」(wǒ bù xiāng xìn 華) といいます。

ちょっときわどいリアクションフレーズ

あまり堂々と使わないほうがいいかも

気色悪い

台湾華語
(北京語)

hǎo ròu má
ハウ ロウ マー

好肉麻

上よりもさらに強烈

キモい

hǎo ě xīn
ハウ ア シン

好噁心

イヤよイヤよも好きのうちではなく ホントにイヤってときに

イヤだ

hǎo tǎo yàn
ハウ タウ イェン

好討厭

台湾語

Oa̍h-beh khí ke-bú-phôe

ウァッ ベ キー ゲ ブ プェ
活欲起雞母皮

台湾華語の「肉麻」は「鳥肌が立つ状態」を表す。
「活欲起」は「〜が起きそうだ」。
「雞母皮」は「雌鶏の皮膚」(のようなざらざらな感じ)。

Kiōng-beh thò͘

ギョン ベ トー
強欲吐

「強欲」の発音は最近「K」が脱落して
「ヨン ベ」と発音する人が増えました。
「〜しそうだ」という意味。

Chiok thó-ià--ê

ジョッ ト ヤ エ
足討厭的

「討厭」(台) は「嫌だ」「嫌う」「嫌がる」。
「○○が嫌いだ」の文型は「主語+討厭+○○」。
たとえば、「雨が嫌い」は
「我討厭下雨」(wǒ tǎo yàn xià yǔ 華)。

▶ ちょっと不機嫌？ ぶっきらぼうリアクションフレーズ

たとえば相手が意味ありげな目で見てきたら

なによ？

台湾華語
（北京語）

gàn má
ガン マー
幹嘛？

とぼけるときにも使えそう

なんでしょう？

shén me shì
セン モ スー
什麼事？

耳を疑うときのリアクションとしても

なんて言った？

nǐ shuō shén me
ニ スォ セン モ
你說什麼？

台湾語

Chhòng siáⁿ

ツォンシャン

創啥？

「創啥」は「創啥物」の略で、「幹嘛」は「幹什麼」の略。
略した分、くだけた感じになります。
友達同士の間で使われることが多いです。

Siáⁿ-mih tāi-chì

シャンミーッ ダイ ジ

啥麼代誌？

「代誌」は台湾華語の
「事情」（shì qíng）、「こと」という意味。
もう少し丁寧な言い方をしたい場合は
頭に「請問」（chhiáⁿ-mn̄g）をつけましょう。

Lí kóng siáⁿ

リ ゴンシャン

你講啥？

よく聞こえなかったり、びっくりして思わず
聞き返してしまったりするシチュエーションで
使えるフレーズ。

相手にいろいろアピールしよう① 【いろんな欲求】

なにか食べたいよ

お腹すいた

台湾華語
（北京語）

wǒ è le
ウォ アー ラ
我餓了

渇くのは「のど」でなく「口」なのです

のど渇いた

wǒ kǒu kě le
ウォ コウ カー ラ
我口渴了

「我想(欲)〜」は「〜したい」です

眠い

wǒ xiǎng shuì le
ウォ シャン スェイ ラ
我想睡了

台湾語

Góa iau--a

グァ ヤウ ア
我枵啊

「我很餓」、「我好餓」も「お腹すいた」です。
「お腹すいて死にそう」は「快餓死了」を使いましょう。

Góa chhùi-ta--a

グァ ツゥイ ダ ア
我嘴乾啊

ちなみに「のど」の
台湾華語は「喉嚨」(hóu lóng) です。

Góa siūⁿ-beh khùn--a

グァ シゥン ベ クン ア
我想欲睏啊

「想欲+動詞」は「〜したい」。
「〜がほしい」は「想欲要+名詞」。
たとえば「お金がほしい」は「我想欲要錢」。

相手にいろいろアピールしよう② 【許してほしい】

「ごめんなさい」(對不起)以外の
言い方も覚えてみる?

許して

台湾華語
(北京語)

qǐng yuán liàng wǒ
チン ユェン リャン ウォ

請原諒我

舌を出しながら言ってみる?

うっかりしちゃった

shì wǒ bù xiǎo xīn
ス ウォ ブ シャウ シン

是我不小心

ちょっと言い訳モード

わざとじゃないから

wǒ bú shì gù yì de
ウォ ブ ス グー イ ダ

我不是故意的

台湾語

Chhiáⁿ goân-liōng--góa

チァングァン リョン グァ
請原諒我

ちなみに「勘弁して」は
台湾華語では「饒了我吧」(ráo le wǒ ba) といいます。

Sī góa bô sè-jī

シ グァ ボ セーギ
是我無細膩

台湾華語の「小心」は「気をつける」という意味。
日本語の「小心者」の「小心」とは意味が違うので
「小心點」(気をつけてね)。

Góa m̄-sī tiau-kang--ê

グァ ム シ ディァウガン エ
我呣是刁工的

「故意」(華) も「刁工」(台) も「わざと」という意味。

相手にいろいろアピールしよう③【ひきとめる】

「等」で「待つ」なのです

ちょっと待って

台湾華語
(北京語)

nǐ děng yí xià
ニ　デン　イー　シャー

你等一下

大事な話をしてんだから

話を聞いてよ

nǐ tīng a
ニ　ティン　ア

你聽啊

ちょっと長いけど、がんばって！

もう少しだけ時間いい？

kě yǐ zhàn yòng nǐ yì diǎn shí jiān ma
カ　イ　ザン　ヨン　ニ　イーディェン　ス　ジェン　マ

可以占用你一點時間嗎？

台湾語

Lí tán--chit-ē
リ ダン ジッ レ
你等一下

「你」を省略して「等一下」だけでも大丈夫よ。
「一下」は「ちょっと」という意味。

Lí thiaⁿ--a
リ ティアン ア
你聽啊

「聽」は中国の簡体字では「听」と書きます。

Kám ē-sái tam-gō͘ lí chit-sut-á sî-kan
ガム エ サイ ダム ゴ リ
敢會使耽誤你

ジッ スゥッ ラ シ ガン
一屑仔時間？

相手をほめる台湾語①

大人の女性に

美人だね

台湾華語（北京語）

nǐ zhēn piào liàng
ニ ゼン ピャウ リャン

妳真漂亮

若い女性に

可愛いね

nǐ hǎo kě ài
ニ ハウ カ アイ

妳好可愛

女の子からこう言われて
嬉しくならない男性はいないよね？

頭いいね

nǐ hǎo cōng míng
ニ ハウ ツォン ミン

你好聰明

台湾語

Lí chiok súi

リ ジョッ スィ

妳足水

> 「美しい」は「水」または「美」と書き、ともに「スィ」と読みます。台湾語であることを強調するため、「美」より「水」を使う傾向があります

台湾では女性に対して言うときの「あなた / 君」は女偏の「妳」になります。

Lí chiok kó-chui

リ ジョッ ゴー ズィ

妳足古錐

以前は人称代名詞「你、他」（あなた、彼 / 彼女）に性別による字の使い分けはありませんでしたが、最近は女性の場合は女偏をつけて「妳、她」とするのが台湾では一般的になりました。

Lí chiok khiáu

リ ジョッ キャウ

你足巧

同じ「巧」でも台湾華語では「巧」(qiǎo)と発音し、「タイミングがいい」などの意味があるのに対して、台湾語では「賢い」という意味になるのです。

相手をほめる台湾語②

すいこまれそうな瞳に

目がホントにキレイだね

台湾華語 nǐ de yǎn jīng zhēn piào liàng
（北京語） ニ ダ イェン ジン ゼン ピャウ リャン

妳的眼睛真漂亮

服をほめるとき

着てる服がステキだね

nǐ zhè jiàn yī fú hěn piào liàng
ニ ゼー ジェン イ フ ヘン ピャウ リャン

妳這件衣服很漂亮

台湾は日本語ができる人が多い

日本語が上手ですね

nǐ Rì yǔ shuō de zhēn hǎo
ニ ズー ユィ ソォ ダ ゼン ハウ

你日語說得真好

台湾語

Lí ê ba̍k-chiu chiok súi

リ エ バッ ジュ ジョッ スィ
妳的目睭足水

キレイと言われて嬉しくない女性はいないもの。
ポイントに絞ってほめるのがほめ上手への第一歩。
目（華眼睛 台目睭）を髪（華頭髮 台頭毛）などに
置きかえて使ってみてね。

Lí chit niá saⁿ chiok súi

リ ジッ リャン サン ジョッ スィ
妳此領衫足水

衣服を数える単位は
台湾華語では「件」(jiàn)、台湾語では「領」(niá)。

Lí Ji̍t-gí kóng liáu chin hó

リ ジッ ギ ゴン リャウ ジン ホー
你日語講了真好

「台湾語ペラペラだね」は「你台語講了真好」。
「台語」の発音は「Tâi-gí」（ダイギー）。

▶相手をほめる台湾語③

「イケメン」=「帥哥」です

ハンサムボーイだね

台湾華語
(北京語)

nǐ hǎo shuài o
ニ ハウ スゥイ オ

你好帥哦

**日本では「男らしい」と
あまりほめないようですが**

男前ね！

hǎo měng o
ハウ モン オ

好猛哦

最近はこんな言い方も

超イケてる

tài diǎo le
タイ ディァウ ラ

太屌了

台湾語

Lí chiok iân-tâu--ê

リ ジョッ エン ダウ エ

你足緣投的！

台湾では、若い男性を見かけるとすぐ
「帥哥」(shuài gē)といったり、
女性を「美女」(měi nǚ)と呼んだりする傾向があります。
たとえウソでも嬉しいよね。

Lí chiok béng--ê

リ ジョッ ベン エ

你足猛的！

「猛」はその字面通り「猛々しくて勇猛である」。
車が猛スピードを出すとか、人がむしゃらに頑張ってる
様子など、台湾では結構使う範囲が広い表現です。

Ū-kàu khú

ウ ガウ クー

有夠酷！

「酷」は英語の「cool」の当て字

台湾華語の「屌」(diǎo)は本来
男性器を意味する下品な言葉でしたが、
人気歌手ジェイ・チョウ(周杰倫)が「格好いい」という
意味として使い始めてから流行語となって定着しました。

デートの別れ際に

門限があるのかな

家に帰らなきゃ

台湾華語
(北京語)

wǒ yào huí jiā le
ウォ ヤウ フェ ジャ ラ

我要回家了

あっという間に時は過ぎて

もうそろそろ

shí jiān chā bù duō le
ス ジェン ツァ ブ ドォ ラ

時間差不多了

男の人はこのひとことで頼りがいがアップ

家まで送るよ

wǒ sòng nǐ huí jiā
ウォ ソン ニ フェ ジャ

我送妳回家

台湾語

Góa beh tńg-khì chhù--a

グァ ベ テン キー ツゥ ア
我欲轉去厝啊

ちなみに中国語では「実家に帰る」は「我要回娘家」
（wǒ yào huí niáng jiā 華）といいます。
「娘」は「母」、「娘家」で「母親の家」
つまり「実家」なのです。

Sî-kan chha-put-to--a

シ ガン ツァ ブッ ド ア
時間差不多啊

「時間不早了」（shí jiān bù zǎo le 華 / もう遅いので）
と切り出してもOK。

Góa sàng lí tńg--khì

グァ サン リー テン キ
我送妳轉去

台湾では、デートの後に男性が女性を自宅までエスコート
するのが当たり前なので、日本の男女がデートした後に
さっさと駅で別れてしまうのを見て「日本の男性は冷たい」
とショックを受けてしまった台湾女性もいるんだとか。

大事な人との別れ際に①

これは短いから覚えられるね

連絡とりあおうね

台湾華語
（北京語）

bǎo chí lián luò
バウ ツー リェン ルォ

保持聯絡

覚えられないときは書いて渡そう

何かあったらメールして

「伊媚兒」で
E-mail
（145ページ参照）

yǒu shì xiě yī mèi ěr ba
ヨ スー シェ イー メイ アル バ

有事寫伊媚兒吧

「一定」は「必ず」「きっと」という意味

東京に来たら訪ねてきてね

lái Dōng jīng yí dìng yào lái zhǎo wǒ o
ライ ドン ジン イー ディン ヤウ ライ ザウ ウォ オ

來東京一定要來找我哦

台湾語

Pó-chhî liân-lo̍k

ボ チ リェン ロッ

保持聯絡

「聯絡」は「連絡」、「保持」は「保つ」。
直訳すると「連絡を保とう」。
これも別れの際の決まり文句。
手紙の最後で使われることも多い。

Ū tāi-chì chiū siá ～ hoⁿ

ウ ダイ ジ ジュ シャイ メイ ホン

有代誌就寫E-mail hoⁿ

> 「hoⁿ」は「〜しようね」の「ね」に当たるもの

会話ではすぐ言葉が出てこなかったりするが、
文章だと辞書を調べながらしてゆっくり書けるね。
台湾人の友達と連絡をとるのに
E-mail が結構いい手段かもよ。

Lâi Tang-kiaⁿ it-tēng ài lâi chhōe--góa oʰ

ライ ダンギャン イッ テン アイ ライ ツゥェグァ オ

來東京一定愛來揣我喔

台湾人は友達になると、お互いの家をよく訪ねあいます。
別れ際に「訪ねてきてね」(愛來揣我喔)と
言いあえる友達はいいものですね。

▶ 大事な人との別れ際に②

旅の見送りや病院で
お大事に

台湾華語
（北京語）

bǎo zhòng
バウ ゾン
保重

文字で何となく意味わかるね
道中ご無事で

yí lù shùn fēng
イー ルー スゥン フォン
一路順風

これも「送る言葉」
気をつけて
行ってらっしゃい

lù shàng xiǎo xīn
ルー サン シャウ シン
路上小心

台湾語

Pó-tiōng

ボディオン

保重

お別れのとき、「さよなら」の「再見(ザイジェン)」(華)だけでなく「お体をお大事に」というニュアンスが込められた「保重(バウゾン)」(華)を使うと、もっと丁寧な感じになります。

Chit lō͘ sūn-hong

ジッ　ロ　スゥンフォン

一路順風

相手が旅行に出たり、遠いところに行く際の送り言葉。

Lō͘--nih khah sè-jī--leh

ロ　ニッ　カッ　セー　ギ　レッ

路裡較細膩咧

ここで紹介した3つのフレーズは台湾人がお別れするときによく使う決まり文句です。

電話にチャレンジ①

英語なら「Hello」だね

もしもし

台湾華語（北京語）

wéi
ウェイ

喂

まちがい電話しちゃったとき

すみません、かけまちがえました

duì bù qǐ　　dǎ cuò le
ドェ ブ チ　　ダ ツォ ラ

對不起，打錯了

「我是〜」で名乗ったあとに

ミス黄、お願いします

wǒ zhǎo Huáng xiǎo jiě
ウォ ザウ ファン シャウ ジェ

我找黃小姐

台湾語

Ôe
ウェ
喂

台湾華語の「喂」の発音が尻上がり（↗）の「wéi」の
ときは「もしもし」だけど、尻下がり（↘）の「wèi」に
なると「おい」という意味になるので注意しましょう。

Sit-lé　　khà m̄-tio̍h--a
シッ レー　　カー ムディオッア
失禮，打唔著啊

「打錯」（華）、「打唔著」（台）で「かけまちがえる」。

Góa chhōe N̂g sió-chiá
グァ ツウェ ン　ショ ジャ
我揣黃小姐

台湾華語の「找」は「訪ねる」「探す」「釣り銭を出す」
といったいろいろな意味がありますが、
台湾語の「揣」は「訪ねる」「探す」という意味のみ。

電話にチャレンジ②

知らない人からかかってきた電話に

どちら様でしょうか？

台湾華語（北京語）

qǐng wèn nǎ lǐ zhǎo
チン ウン ナー リ ザウ

請問哪裡找？

上の言いかえです

あの…どなた？

qǐng wèn nǐ shì ~
チン ウン ニ スー

請問你是…？

こういうふうに言われたら「我找～」（138ページ参照）と答えます

どなたをおたずねですか？
（誰をおさがしですか？）

qǐng wèn zhǎo shuí
チン ウン ザウ スェイ

請問找誰？

台湾語

Chhiáⁿ-mn̄g toh-ūi chhōe

チァン モン ドッ ウィ ツゥェ
請問叼位揣？

台湾人は電話に出るとき、特に家庭の固定電話の場合は、自ら「○○です」とあまり名乗りません。そのため、この例文のように「どちら様？」と訊ねることになります。

Chhiáⁿ-mn̄g lí sī～

チァン モン リ シ
請問你是…？

オレオレなんとかじゃないけど電話をかけるほうもあまり最初から名乗らず、「是我啦」（スーウェラ）（華 オレだよ）という図式が多いので、どうしてもわからないときは、上のフレーズを使いましょう。

Chhiáⁿ-mn̄g beh chhōe siáⁿ-lâng

チァン モン ベ ツゥェ シャン ラン
請問欲揣啥人？

台湾華語の「誰」（スェイ）は、台湾語では「啥人」（シャンラン）（159ページ参照）。疑問文の前に「請問」をつけると丁寧な感じになります。

電話にチャレンジ③

「手機」で「携帯」です

携帯に電話ちょうだい

台湾華語
(北京語)

dǎ wǒ shǒu jī
ダ ウォ ソウ ジ

打我手機

英語まじりの台湾語です

電話するからね

wǒ ~ nǐ
ウォ コー ニ

我call你

切り出しにくいひとことだけど

(電話)切るね

wǒ yào guà le o
ウォ ヤウ グァ ラ オ

我要掛了哦

> ややこしいけど「掛」(かける)で「電話を切る」なのです

台湾語

Khà góa ê chhiú-ki-á
カー グァ エ チュ ギ ア
打我的手機仔

「携帯電話」は台湾華語では
「行動電話」(xíng dòng diàn huà) や
「大哥大」(dà gē dà) という言い方もあります。

Góa ~ --lí
グァ コー リ
我 call 你

若い人たちは英単語を会話に混ぜて話すのがふつう。
ちなみに「call」の台湾華語の当て字は「扣」(kòu)、
「ボタン」という意味の字でもあります。

Góa beh chhiat--a oʰ
グァ ベ チェッ ア オ
我欲切啊喔

ちなみに「(携帯の)電波が切れた」は「斷線」。
台湾華語では「ドァンシェン」(duàn xiàn)、
台湾語では「ドゥンソァン」(tn̄g sòaⁿ) と読みます。

メール＆ネットの台湾語①

「伊媚兒」で「Eメール」

Eメールアドレスは？

台湾華語（北京語）

nǐ yī mèi ěr shì shén me
ニー イー メイ アル ス セン モ
你伊媚兒是什麼？

「寫」は「写」、「書く」という意味

メールくださいね

xiě yī mèi ěr gěi wǒ o
シェ イー メイ アル ゲイ ウォ オ
寫伊媚兒給我哦

「帰ったら〜する」は「我回去〜」「我轉去〜」です

帰ったらメールするね

wǒ huí qù xiě yī mèi ěr gěi nǐ
ウォ フェ チュイ シェ イー メイ アル ゲイ ニー
我回去寫伊媚兒給你

台湾語

Lí ê ~ sī siáⁿ-mih

リ エ イ メイ シ シャンミーッ

你的 E-mail 是啥物？

台湾華語の「伊媚兒」は E-mail の当て字。
当て字なので、「伊妹兒」(yī mèi ěr) と
表記することもあります。

Siá ~ hō góa oʻh

シャイ メイ ホ グァ オ

寫 E-mail 給我喔

「給」は「〜に」という意味の
介詞（英語の前置詞みたいなもの）。

Góa tńg--khì siá ~ hō--lí

グァ テン キ シャイ メイ ホ リ

我轉去寫 E-mail 給你

ちなみに、「携帯メール」のことは
台湾華語では「簡訊」(jiǎn xùn) といいます。なお、
入力はピンインではなく、「注音符号」と呼ばれる
"カナ"のようなものを使います（右欄外参照）。

注音符号 ㄅㄆㄇㄈㄉㄊㄋㄌㄍㄎㄏㄐㄑㄒㄓㄔㄕㄖㄗㄘㄙㄧㄨㄩㄚㄛㄜㄝㄞㄟㄠㄡㄢㄣㄤㄥㄦ

ピンイン b p m f d t n l g k h j q x zh ch sh r z c s i u ü a o e ie ai ei ao ou an en ang eng er

メール＆ネットの台湾語②

「線の上」で「オンライン」

オンラインしてるよ

台湾華語（北京語）

wǒ zài xiàn shàng a
ウォ ザイ シェン サン ア

我在線上啊

「下線」で「オフライン」

もうオフラインするね

wǒ yào xià xiàn le o
ウォ ヤウ シャー シェン ラ オ

我要下線了哦

「亂」＝「乱」。"碼（番号）が乱れる" だから

文字化けです

luàn mǎ
ルァン マー

亂碼

台湾語

Góa tī sòaⁿ téng--a
グァ ディスァンデン ア
我佇線頂啊

台湾の若い人がよく使うチャット用語。ちなみに
「チャット」は「線上の、おしゃべり」という意味の
「線上聊天」(xiàn shàng liáo tiān 華)といいます。

Góa beh lȯh soàⁿ--a oh
グァ ベ ロッスァン ア オ
我欲落線啊喔

「先にオフラインするね、ごゆっくり」と言って
「881」(バイバイ)で締めくくってから
オフラインするのが台湾式チャットマナーです。

Loān-hō
ルァン ホ
亂號

「號」は日本式に書くと「号」。「番号」のことです。
ちなみに、上の欄の「881」は
早く言うと「バイバイ」に聞こえることから生まれた
「暗號」(àm-hō 台 / 暗号)みたいなものです。

困ったときのつぶやきフレーズ

どうしたらいいのか、わからないとき

どうしよう？

台湾華語（北京語）

zěn me bàn
ゼン モ バン
怎麼辦？

相手に判断をゆだねたいとき

どう思う？

nǐ shuō ne
ニ スォ ナ
你說呢？

「方法がない、仕方がない」

しょうがない

méi bàn fǎ
メイ バン ファ
沒辦法

台湾語

Beh án-chóaⁿ

ベ アンズァン

欲按怎？

台湾語の「按怎」は台湾華語では「怎樣」(どうした)。
台湾語の「欲」は台湾華語の「要」(〜するつもり)。

Lí khòaⁿ--leh

リ クァン レッ

你看咧？

意見を聞かれてうまく答えられない、あるいは
お茶を濁したいときに相手に聞き返すフレーズ。
「你認為呢？」(nǐ rèn wéi ne 華) もよく使います。

Bô hoat-tō͘

ボ ファッ ド

無法度

「ご法度」みたいだけど、
「法度」で「方法」「手段」の意。
台湾華語だと「辦法」(bàn fǎ) です。

緊急事態① 【病気やけが】

旅先の体調不良はつらいですね

病気になりました

台湾華語
(北京語)

wǒ shēng bìng le
ウォ セン ビン ラ

我生病了

風邪は万病のもと

風邪を引きました

wǒ gǎn mào le
ウォ ガン マウ ラ

我感冒了

はしゃぎすぎて、つい……

怪我（けが）しました

wǒ shòu shāng le
ウォ ソウ サン ラ

我受傷了

台湾語

Góa phòa-pēⁿ--a

グァ プァ ベン ア
我破病啊

「破病(プァベン)」は台湾語独特な表現で、
だるいときなど体調不良を訴える表現。
ちなみに、よく病気をする人のことを
「破病雞(プァベンゲー)」という(「雞(ゲー)」はニワトリ)。

Góa kám-mō--a

グァ ガム モー ア
我感冒啊

「風邪」は日本語でも「感冒(かんぼう)」というように
台湾華語でも「感冒(ガンマウ)」で、「インフルエンザ」は
「流行性感冒(リョシンシンガンマウ)」、略して「流感(リョガン)」といいます。

Góa tio̍h-siong--a

グァディオッシオン ア
我著傷啊

ちなみに日本語の「怪我」という字づらは
中国語では「私が悪い」という意味になる。確かに
怪我したのは自分の不注意で私が悪いかも。

緊急事態② 【道に迷った】

やさしそうな人を見つけて声をかけよう

近くに交番はありますか？

台湾華語（北京語）
zhè fù jìn yǒu jǐng chá jú ma
ゼ フ ジン ヨ ジン ツァ ジュィ マ
這附近有警察局嗎？

「どうしたの？」と聞かれたら

道に迷っちゃいました

wǒ mí lù le
ウォ ミー ルー ラ
我迷路了

地図などを見せながら聞いてみよう

ここに行きたいのですが

「我想(欲)〜」で「〜したい」、「去」で「行く」という意味です

wǒ xiǎng qù zhè lǐ
ウォ シャン チュィ ゼー リ
我想去這裡

台湾語

Chit hù-kīn kám ū Kéng-chhat-kiók

ジッ フ ギンガム ウ ギンツァッギョッ
此附近敢有警察局？

日本語の「交番」では通じません。

Góa chhōe bô lō--a

グァ ツウェ ボ ロ ア
我尋無路啊

「道に迷う」は台湾華語では「迷路」(ミールー)、
台湾語では「尋無路」(ツウェボロ)です。

Góa siuⁿ beh khì chit ê só͘-chāi

グァ シゥン ベ キー ジッレ ソ ザイ
我想欲去此個所在

「この」という意味の台湾語の「此個」(chit ê) は、
「ジッエ」よりも、リエーゾンさせて「ジッレ」と
発音したほうが台湾語らしくなります。

緊急事態③【忘れ物をした、スリにあった】

気をつけてくださいね

財布をなくしました

台湾華語（北京語）

wǒ qián bāo bú jiàn le
ウォ チェン バウ ブ ジェン ラ

我錢包不見了

「東西」で「もの」という意味なのです

ものを盗まれました

「偸」は「盗む」です

wǒ dōng xī bèi tōu le
ウォ ドン シ ベイ トウ ラ

我東西被偸了

私も傘とか列車内などによく忘れます

忘れ物をしました

wǒ dōng xī wàng le
ウォ ドン シ ワン ラ

我東西忘了

台湾語

Góa chîⁿ-tē-á phàng-kiàn--a

グァ ジン デ ア　　パン　ゲン ア
我錢袋仔phàng見啊

台湾華語ではお金（錢）を包むもので、
台湾語ではお金（錢）を入れる袋で「財布」です。

Góa mih-kiāⁿ hō͘ lâng thau-theh--khì-a

グァ ミ ギャン ホ ラン タウ テー キ ア
我物件互人偷提去啊

台湾語の「互」は「〜される」という意味の
台湾華語「被」と同じです。
「提去」は「拿走」（ná zóu 華 / 持っていく）です。

Góa mih-kiāⁿ be-ki-tit--a

グァ ミ ギャンベー ギ ディッ ア
我物件未記得啊

「忘れました」は「我忘了」（wǒ wàng le 華）、
「我未記得啊」（Góa bē-kì-tit--a 台）。

数字の言い方

		台湾語		台湾華語
			文語発音	
0	零	lêng リン	台湾語の「零」は二通りの言い方がある	líng リン
		khòng コン		
1	一	chı̍t ジッ	it イッ	yī イー
2	二	nn̄g レン	jī ジ	èr アル
3	三	saⁿ サン	sam サム	sān サン
4	四	sì シ	sù スゥ	sì ス
5	五	gō͘ ゴ	ngó͘ ンゴー	wǔ ウ
6	六	la̍k ラッ	lio̍k リョッ	liù リョ
7	七	chhit チッ	chhit チッ	qī チ
8	八	peh ベッ	pat バッ	bā バ
9	九	káu ガウ	kiú ギュー	jiǔ ジョ
10	十	cha̍p ザップ	si̍p シップ	shí ス

註：台湾華語の数字に文語発音はありません。数字の読み方はひとつです。

【台湾華語では、101は「一百零一」（100とんで1）といいます。「一百一」というと110のことになってしまいます。】

11	十一	chảp-it ザップ イッ	shí yī ス イー
12	十二	chảp-jī ザップ ギー	shí èr ス アル
13	十三	chảp-san ザップ サン	shí sān ス サン
14	十四	chảp-sì ザップ シ	shí sì ス ス
15	十五	chảp-gō͘ ザップ ゴ	shí wǔ ス ウ
16	十六	chảp-lảk ザップ ラッ	shí liù ス リョ
17	十七	chảp-chhit ザップ チッ	shí qī ス チ
18	十八	chảp-peh ザップ ベッ	shí bā ス バ
19	十九	chảp-káu ザップ ガウ	shí jiǔ ス ジョ
20	二十	jī-chảp ギー ザップ	èr shí アル ス
30	三十	san-chảp サン ザップ	sān shí サン ス
40	四十	sì-chảp シ ザップ	sì shí ス ス
50	五十	gō͘-chảp ゴ ザップ	wǔ shí ウ ス
60	六十	lảk-chảp ラッ ザップ	liù shí リョ ス
70	七十	chhit-chảp チッ ザップ	qī shí チ ス
80	八十	peh-chảp ベッ ザップ	bā shí バ ス
90	九十	káu-chảp ガウ ザップ	jiǔ shí ジョ ス
100	一百	chit-pah ジッ バッ	yì bǎi イー バイ
1,000	一千	chit-chheng ジッ チン	yì qiān イー チェン
10,000	一萬	chit-bān ジッ バン	yí wàn イー ワン

時間の言い方

【台湾語で「昨日」は「おととい」なので注意】

日本語	台湾語		台湾華語	
おととい	昨日	chóh--ji̍t ゾッ ジッ	前天	qián tiān チェン ティエン
昨日	昨昏	cha-hng ザーン	昨天	zuó tiān ズォ ティエン
今日	今仔日	kin-á-ji̍t ギン ア ジッ	今天	jīn tiān ジン ティエン
明日	明仔載	bîn-á-chài ビン ア ザイ	明天	míng tiān ミン ティエン
あさって	後日	āu--ji̍t アウ ジッ	後天	hòu tiān ホウ ティエン
先週	頂禮拜	téng lé-pài ディン レ バイ	上星期	shàng xīng qí サン シン チ
今週	此禮拜	chit lé-pài ジッ レ バイ	這星期	zhè xīng qí ゼ シン チ
来週	後禮拜	āu lé-pài アウ レ バイ	下星期	xià xīng qí シャ シン チ
先月	頂個月	téng-kò-goe̍h ディン ゴ グェッ	上個月	shàng ge yuè サン ガ ユェ
今月	此個月	chit-kò-goe̍h ジッ ゴ グェッ	這個月	zhè ge yuè ゼ ガ ユェ
来月	後個月	āu-kò-goe̍h アウ ゴ グェッ	下個月	xià ge yuè シャ ガ ユェ
去年	舊年	kū-nî グ ニー	去年	qù nián チュイ ニェン
今年	今年	kin-nî ギン ニー	今年	jīn nián ジン ニェン
来年	明年	mê-nî メー ニー	明年	míng nián ミン ニェン

よく使う疑問詞など 【「なぜ?」「どうして?」は32ページ参照】

日本語	台湾語	台湾華語
何?	siáⁿ-mih シャンミーッ **啥物?**	shén me センモ **什麼?**
誰?	siáⁿ-lâng シャンラン **啥人?**	shuí スェイ **誰?**
いくら? (値段)	lōa-chē chîⁿ ルァ ゼーチン **偌濟錢?**	duō shǎo qián ドォ サゥチェン **多少錢?**
どのくらい? (期間)	lōa kú ルァ グー **偌久?**	duō jiǔ ドォ ジョ **多久?**
いつ?	tang-sî ダン シ **當時?**	shén me shí hòu センモ ス ホウ **什麼時候?**
どこ?	toh-ūi ドォ ウィ **叼位?**	nǎ lǐ ナ リー **哪裡?**
どれ?	toh chit-ê ドォ ジッ レ **叼一個?**	nǎ yi ge ナ イー ガ **哪一個?**
どのように?	án-chóaⁿ アンザァン **按怎?**	zèn me ゼン モ **怎麼?**
何時?	kúi tiám グィディァム **幾點?**	jǐ diǎn ジディェン **幾點?**
何日間?	kúi kang グィ ガン **幾工?**	jǐ tiān ジ ティェン **幾天?**
何週間?	kúi lé-pài グィ レ パイ **幾禮拜?**	jǐ xīng qi ジ シン チ **幾星期?**
何ヶ月?	kúi kò goèh グィ ゴ グェッ **幾個月?**	jǐ ge yuè ジ ガ ユェ **幾個月?**
何年間?	kúi tang グィ ダン **幾冬?**	jǐ nián ジ ニェン **幾年?**

著者略歴

趙 怡華（ザウ・イーファ／Chao Yihua）
東京外国語大学院修士課程修了。韓国延世大学語学堂、アメリカEWU、スペインなどへの語学留学を経験。北京語、台湾語講師を経て、現在は北京語、台湾語通訳業の傍ら、音楽、放送、漫画、ビジネスなど幅広く翻訳活動を行う。主な著作に『はじめての台湾語』『絵でわかる台湾語会話』『台湾語のスラング表現』『台湾語会話フレーズブック』『絵でわかる中国語会話』（以上、明日香出版社）がある。
ホームページ　http://www.iamyh.com/

監修者略歴

陳 豐惠（ダン・ホンフィ／Tân Hong-hūi）
現在、高雄在住。財団法人李江却台湾語文教基金会幹事長、長老教会総会台湾族群母語推行委員会委員、社団法人台湾ローマ字協会理事、台湾語母語教育学会秘書長などを務める。このほか、映画、テレビの台湾語指導としても活躍中。

資料提供＆協力■水町史郎、小谷公伯
カバー＆本文デザイン■一柳 茂（クリエーターズ・ユニオン）
本文組版■ P.WORD
イラスト■山口嗣恭、遠藤光太（クリエーターズ・ユニオン）

やさしい台湾語　カタコト会話帳

2008年10月25日　　　第1刷発行
2016年9月8日　　　　第3刷発行

著　　者──趙 怡華（ザウ・イーファ）
監 修 者──陳 豐惠（ダン・ホンフィ）
発 行 者──徳留 慶太郎
発 行 所──株式会社すばる舎
　　　　　　東京都豊島区東池袋3-9-7 東池袋織本ビル（〒170-0013）
　　　　　　　　TEL 03-3981-8651　（代表）
　　　　　　　　　　 03-3981-0767　（営業部直通）
　　　　　　　　FAX 03-3981-8638
　　　　　　　　振替 00140-7-116563
印　　刷──図書印刷株式会社

落丁・乱丁本はお取り替えいたします
©Chao Yihua　2008 Printed in Japan
ISBN978-4-88399-757-2

台湾語の声調について

声調記号 ■は、音節内の韻母と呼ばれる母音のローマ字を示しています		´	`	
声調の種類	第1声	第2声	第3声	半3…
				-p, -t,で終(入声
発音の高低イメージ	高→高	高→低	低→低	低…第3つま
本書の読みがな部分における表示 高／中／低	(高)	(高→低)	(低)	
8声調の発音例 教会ローマ字表記	saⁿ サン 衫 (服)	té テ 短 (短い)	khò̤ コ 褲 (ズボン)	
声調変化 台湾語では、文末の音節以外のほとんどの音節が声調変化します	(1)→7 第7声に変調	(2)→1 第1声に変調	(3)→2 第2声に変調	この声変調後(もとは

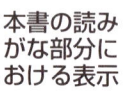

※第6声は第2声と区別がないことから欠番扱いとされることが多いが、「海口腔

声調変化の例
（本書6〜7ページより）

はじめの音節は声調変化。軽声のすぐ前にある次音節は変調せず

Chiảh-pá--bōe
(8)→半3　2のまま　(7)→軽
ジャッバー　ブェ
食　飽　未
（ご飯食べましたか？）

2連続ハイフン(--)の後は声調記号の有無に関係なく軽声に変わる